経済学で読み解く

# 正しい投資、アブない投資



Tsukasa
Jonen

経済評論家
上念 司

扶桑社

# はじめに

## 新NISA、日経平均4万円で投資への関心高まる

ついにこのときが来た！

令和6年2月22日、日経平均がバブル期に記録した最高値を更新しました。平成元年12月以来、実に足掛け四半世紀ぶりの高値に世の中が沸きました。

平成元年といえば、私はまだ二十歳の大学生。バブル期の軽薄な風潮に背を向けて、弁論部の活動に勤しむちょっと変わった大学生でした。あれから25年の歳月が流れ、いまでは55歳のオッサンです。ホントに長かった。そして、平成という時代は辛くて厳しい時代でした。

とはいえ、バブル期の最高値更新というイベントはあくまでも象徴的な出来事です。経済全体の流れから見ればそれは些細《ささい》なこと。あえていえば、バブル期を覚えている人たちの個人的なこだわりでしかありません。

なぜそう言えるのか？　そもそも日経平均ってなんなのかという定義の問題です。日経平均株価とは日本経済新聞社が選定した２２５銘柄から構成される平均株価のことです。日本の株式市場の代表的な株価指数ではありますが、一新聞社がいわば恣意的に選んだ２２５の銘柄で構成されているという点がポイントです。１９８９年に選ばれていた銘柄といま選ばれている銘柄は当然違います。日本経済新聞社が毎年4月と10月に指数の対象先を入れ替えているからです。

しかも、その算出方法は基本的には各銘柄の株価の合計を銘柄数で割るという「単純平均」です。しかし、単純平均には大きな問題があります。たとえば株価が１００円の会社が10社あったとしましょう。単純平均は１００円です。次に、このうちの１社を株価が９１００円の会社と入れ替えます。

（９１００＋１００×９）÷10＝１０００

なんと、銘柄を入れ替えるだけで平均株価は10倍になってしまいました！　なんかインチキ臭いですよね。日経平均は単純に銘柄入れ替えをすると、一株価格の高い企業の株価

（いわゆる「値がさ株」）の影響が強くなりすぎてしまいます。そのため、次のように特殊な調整を行っております。

株価×株価換算係数＝指数構成銘柄の採用株価

日経平均株価指数＝指数構成銘柄の採用株価合計／除数

株価換算係数と除数を用いて無理やり調整して指数の継続性を保ち、市況との乖離《かいり》を最小化するわけです。継ぎ足し、継ぎ足しで100年続く老舗のタレかもしれないし、悪く言えば整形手術しすぎて原型をとどめないヘルタースケルター？　それとも、歌舞伎役者みたいなもんですかね。襲名するけど中身は別の人みたいな。

バブル期最高値の更新に個人的な思い入れがあってもいいです。しかし、投資判断する際にあまりこだわってはいけない理由はまさにこれです。

## しかし、投資で検索して出てくる情報は基本的にゴミ

今年から始まった新NISAなども相まって、人々の投資への関心は高まっております。

しかし、残念ながらインターネットで投資と検索してもヒットする情報は大抵ゴミです。典型的なゴミ情報「安く買って、高く売る」というレトリック。実際に株の取引をすればわかりますが、高値、安値のピークを見分けるのはほぼ不可能です。株価チャートに補助線引いていろんな講釈を垂れるテクニカル分析というのがあるんですけど、ぶっちゃけこれもあまり参考にはなりません。私はテクニカル分析のことを超能力と呼んでいます。雲や天井や底が見えちゃう人はきっと透視能力でもお持ちなんでしょう。そういえば日経新聞の市況解説はテレパシーですね。市場参加者の間で広がる思惑が見えたり聞こえたりするみたいですから。

もし、これらの情報が正しいなら、それに従って取引した人はみんな億万長者になっていることでしょう。しかし、現実にはそんな人いません。むしろ、これらの情報に踊らされて「ここだーー！（KKD）」とやってしまった人は大抵カモられる。厳しいですけど、これが市場の現実です。頭悪い人から頭いい人にお金が流れる。シビアですね。

ただ、頭のよさというのは偏差値が高い大学を出ているということとは必ずしもイコールではありません。というか、むしろ偏差値が高い大学を出ている人のほうが騙《だま》されやすい傾向があるかも。この点についてはいわゆる行動経済学的なバイアスとしてのちほど詳しく説明します。

## 出資詐欺、投資詐欺は小さいものから大きいものまでさまざま

経済や市場に関する知識の欠如は、単に間違った投資をして損をするということに留まりません。みなさまに一番気をつけていただきたいのは、「投資詐欺」です。投資でも、ギャンブルでも、人は負けが込んでくると一発逆転のリスクが高い勝負に賭けてしまう傾向が強いです。その際、負けたときの過大なコストはあまり意識されません。

行動経済学において、このような傾向は「プロスペクト理論」として説明されます。マイナスを消すためには、多大なコストを無視して大勝負する。もちろんそれは高い確率で失敗します。その手の詐欺案件はたびたび報道されているので、多くの人はその手口を

知っているはずなんです。ところが、いざ自分が当事者になると引っかかってしまう。残念ながら最近もこういう事案がありました。

岡山県赤磐（あかいわ）市の観光農園経営会社「西山ファーム」の詐欺事件で、愛知県警は11日、潜伏先のインドネシアで警察当局に拘束された元代表取締役、山崎裕輔容疑者（43）の身柄引き渡しを受けるため、同国に捜査員を派遣した。両国が送還に向けた調整を進めていた。県警は詐欺容疑で逮捕状を取得しており、日本に移送し、逮捕する方針。

県警によると、西山ファームは平成27年から転売事業を展開。果物や化粧品を購入すれば配当を上乗せして返金するとうたい、31都道府県の930人から計約133億円を集めたとされる。

【引用：西山ファーム容疑者移送へ 捜査員派遣　愛知県警、拘束されたインドネシアに『産経新聞』（2024年3月11日）】

西山ファームは2015年ごろから、「元本保証で絶対にもうかる」などといった虚偽のセールストークで20～30歳代の若い世代を中心に広がりました。読売新聞の報道によれば、「SNSなどを通じて友人らにそう誘われ、ごく普通の会社員が複数のクレジットカードで数百万円に上る決済を繰り返していた」とのこと。

【引用：最初に「いい思い」させて金集め…「怪しいがもうかる」とのめり込み、14枚のカード作成『讀賣新聞オンライン』（2021年10月18日）】

しかも、その詐欺トークの中身は、私から見れば極めて雑です。『デイリー新潮』が被害者側の弁護士の話として、以下のように報じております。

「一人当たりの被害額は、だいたい百数十万円から2千万円。平均すると600万円ほどでしょうか。加藤氏のスキームは新旧二つ。まず、旧スキームについてですが、農園の果物をクレジットカードで購入すると、代金の引き落とし直前に、払い込み額に1・5〜3％上乗せされて返ってくる。実際に果物が届くことはなかったといいます」

たとえば100万円払い込むと、ジッとしていれば約103万円になる。これが数年前にはじまり、今年には新スキームがスタート。

「払い込むのは旧スキームと同じですが、お金は上乗せされず、払い込んだ額がそのまま戻る。クレジットカードのポイントやマイルがたまるので、被害者は乗せられたようです」

【引用：「紗栄子」が広告塔を務めた桃農園詐欺　被害総額133億円「西山ファーム」の手口『デイリー新潮』（2021年10月19日）】

果物の転売で年利3％の安定利回り？もうこの時点で怪しさ満載ですよね。いくら海外で日本のフルーツの評価が高いからといって、安定的に3％もの金利を保証できるビジネスって難しいと思うんです。だって、そんなことが可能ならとっくにもっと資金を持っている商社と

**西山ファーム　事件の構図**

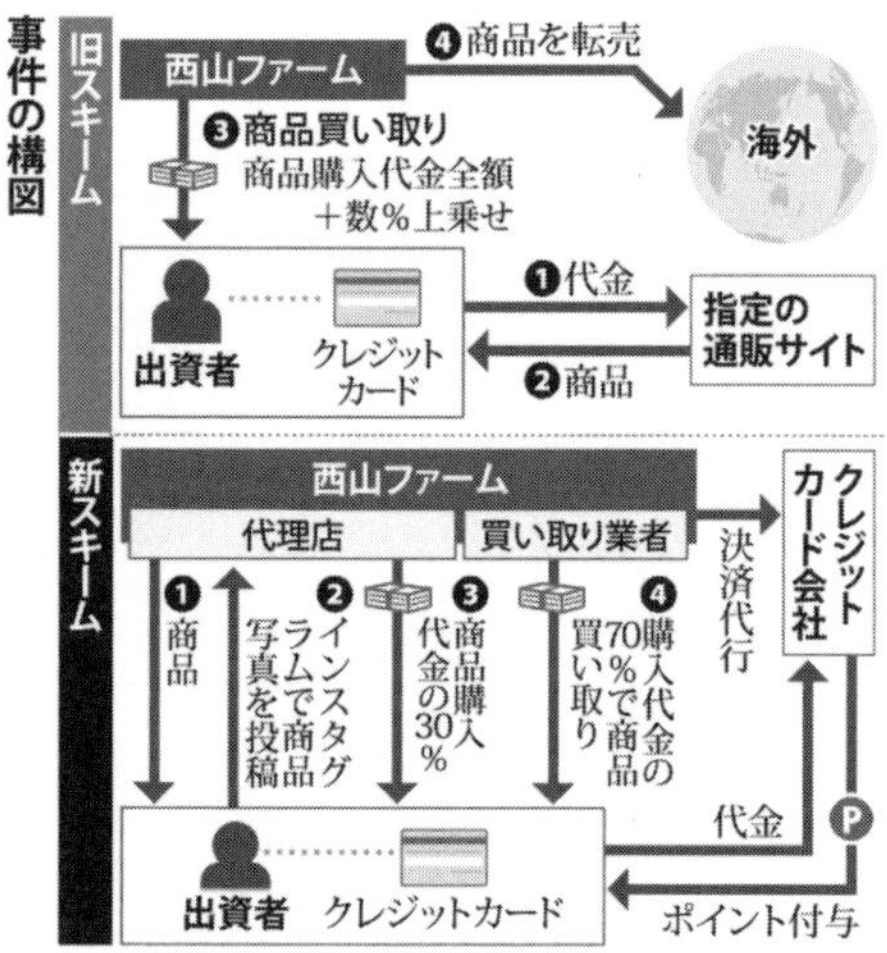


【データ出所：西山ファーム元代表を逮捕へ　愛知県警がインドネシアに捜査員派遣『毎日新聞』（2024年3月11日）】

かファンドが似たようなことをやっていないとおかしいでしょ？　なんで個人からこんな小銭を集めているのさ？　そんなに規模が小さいなら、農園の場所もどっかに偏っているし、天候不順とかで不作の年もあったりするんじゃない？　さらに言えば、果物の価格は国際商品市況に左右されるわけで、極めて不確実性の高い投資だと思いますよ。たとえば、穀物価格だってこんなにすごい値動きあるわけですから（下記のグラフを参照）。

　穀物市場は果物市場よりもずっと大きく、売り手も買い手もたくさん存在します。そんな巨大市場ですらこんな荒い値

## 穀物等の国際価格の推移

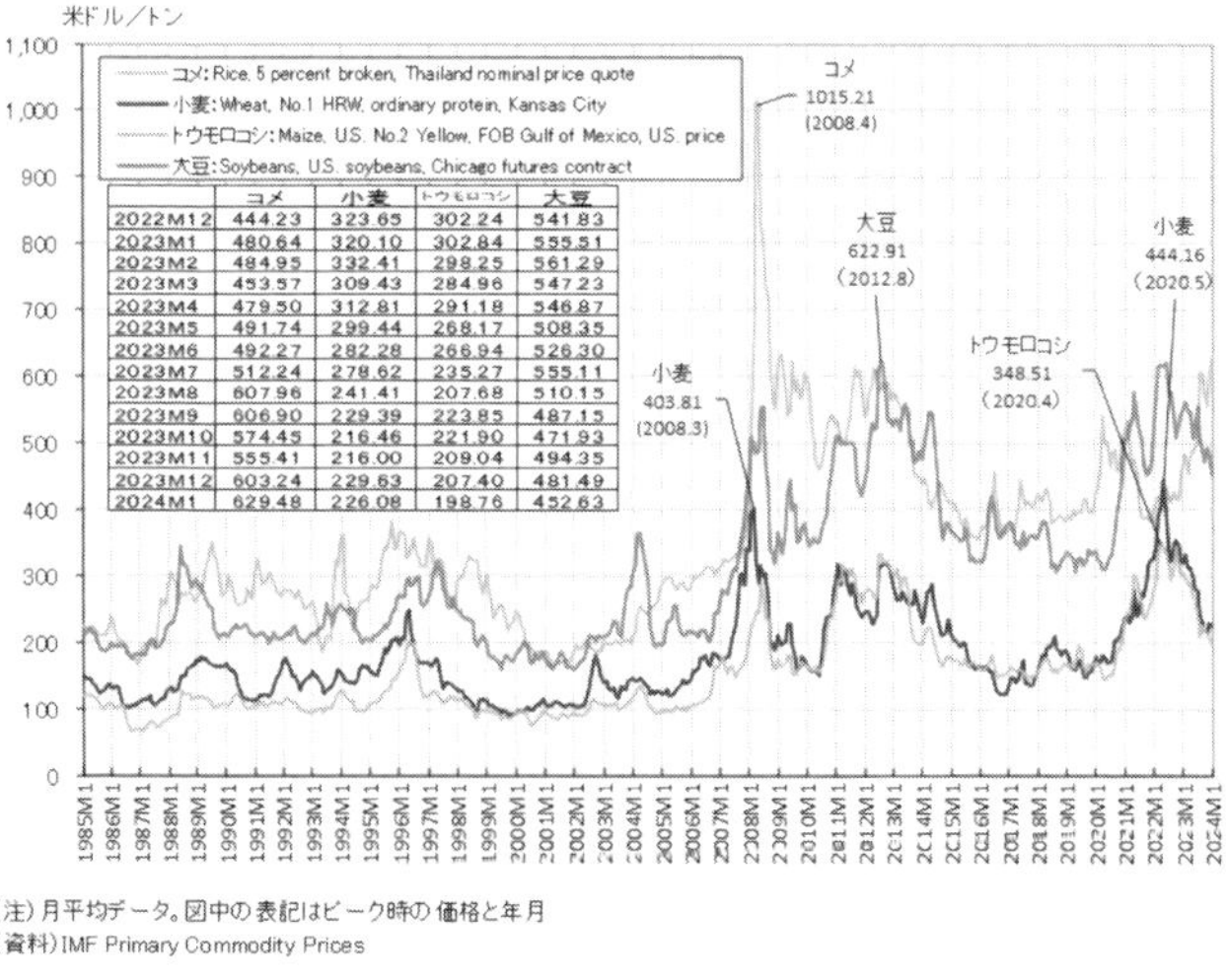


| | コメ | 小麦 | トウモロコシ | 大豆 |
|---|---|---|---|---|
| 2022M12 | 444.23 | 323.65 | 302.24 | 541.83 |
| 2023M1 | 480.64 | 320.10 | 302.84 | 555.51 |
| 2023M2 | 484.95 | 332.41 | 298.25 | 561.29 |
| 2023M3 | 453.57 | 309.43 | 284.96 | 547.23 |
| 2023M4 | 479.50 | 312.81 | 291.18 | 546.87 |
| 2023M5 | 491.74 | 299.44 | 268.17 | 508.35 |
| 2023M6 | 492.27 | 282.28 | 266.94 | 526.30 |
| 2023M7 | 512.24 | 278.62 | 235.27 | 555.11 |
| 2023M8 | 607.96 | 241.41 | 207.68 | 510.15 |
| 2023M9 | 606.90 | 229.39 | 223.85 | 487.15 |
| 2023M10 | 574.45 | 216.46 | 221.90 | 471.93 |
| 2023M11 | 555.41 | 216.00 | 209.04 | 494.35 |
| 2023M12 | 603.24 | 229.63 | 207.40 | 481.49 |
| 2024M1 | 629.48 | 226.08 | 198.76 | 452.63 |

（注）月平均データ。図中の表記はピーク時の価格と年月
（資料）IMF Primary Commodity Prices

【データ出所：『社会実情データ図録』（https://honkawa2.sakura.ne.jp/4710.html）】

動きをしているわけですから、それよりずっと小さく売り手も買い手も少ない果物市場はもっと激しい値動きに晒《さら》されていて当然です。しかし、経済や市場の知識のない人はこんな簡単なことも気がつかないわけです。想像力の欠如というより、基礎知識の問題かと思われます。

ところが、経済は基礎知識の有無にかかわらず、必ずあなたを巻き込みます。人は買い物なしには暮らせないからです。そして、本格的なインフレが到来したいま、お金を現金で貯め込めばその実質的価値はインフレ率の分だけ目減りします。たとえば、100万円の現金をタンスにしまっていた場合、1年後には2万9000円目減りして96万8000円の価値しか持たなくなります(なぜなら、2024年3月の生鮮食品とエネルギーを除く物価上昇率が2・9%だからです)。

仮に普通預金に預け入れたとしても、2024年3月27日現在の預金金利は未だ0・02%。物価上昇率の100分の1以下。一応これでも20倍になったんです。しかし、20倍になったとはいえ雀の涙。

逆にデフレだったとき、資産運用はとても楽でした。というか運用したら負け。現金の価値が上がっていくので、なにも考えずに現金を持っているだけで来年はよりよいものがよりたくさん買えたんです。デフレとは物価が下がることであり、それは同時に現金の価値が上がることを意味します。お金をろくに運用せずに貯め込んでいれば勝者。決断は先送りしたほうが勝ち。１９９８年からずっとこんな時代が続いていたわけです。しかし、アベノミクスの登場で２０１３年からは物価がプラス転換しました。ただし、プラスといってもインフレ率は平均で１％程度。まだデフレ的な行動でもそんなに損したような感覚はありませんでした。

本格的にインフレが意識されるようになったのは２０２０年以降です。アベノミクスによる金融緩和を7年続けて、ようやく人々の期待が転換しました。直接のきっかけは新型コロナのパンデミックとロシアによるウクライナ侵略ですが、本当の原因はアベノミクス。

だって、アベノミクスはデフレを脱却してインフレにするためにお金を大量供給することをまず第一に掲げた政策だったわけですから。そのために、日銀執行部人事に大ナタふるって、私の仲間のリフレ派もたくさん審議委員になりました。その累積的な効果が、最終的に疫病と戦争というキッカケを得て、堰《せき》を切ったように発揮されたわけです。もうデフレには戻れません。日銀は２０２４年3月19日の政策決定会合で、マイナス金利の解除とイールドカーブコントロール（ＹＣＣ）の枠組みの撤廃を決定しました。長年続いた量的緩和政策の修正です。それだけ日本経済は強くなった。そして、この本が世に出る頃にはもっとインフレ率は上昇しているかもしれません。

よって、いくら待ってもデフレは戻ってきません。資産を現金や普通預金で保持するのはリスクでしかない。そして、決断の先送りは致命的な失敗につながるかもしれない。

インフレ時代において、お金はなにかで運用しなければ目減りします。しかし、運用しようと思ってもなにが正しく、なにが間違っているのかわからない人は多い。だから、前述のように詐欺が見抜けず、それに騙される人が後を絶ちません。だからといって、資産運用が不安だからと決断を先送りにすれば、その先送り自体が一つの決断となってしまうわけです。だって、モタモタしている間にお金の価値が目減りしてしまいますから。

## なにが問題なのか？
## それは投資以前の問題として経済の知識がないこと

現在、投資に関するいろいろな本が本屋に平積みされています。大変申し訳ありませんが、これらの本に書いてあることはインターネットで検索すればタダで読めるような出回りの知識ばかりです。しかも、これらを書いている連中がよくわからない。匿名のユーチューバーとか、謎のブロガーとか。そんなに投資で儲けられるなら自分でポジション取って運用したらいいのに……なぜこんな本を書くんでしょうか？　意味がわかりません。

ちなみに、私がこの本を書く理由はみなさんに儲け話を教えることではないんです。福《ふく》沢諭吉《ざわゆきち》の言葉に「一身独立して一国独立す」という名言があります。一人ひとりの日本国民が経済的に独立することによって、はじめて日本も独立を保つことができるという意味です。インフレ時代の資産防衛を行うことでみなさんの経済的独立をお助けし、結果として日本という国の独立を守りたい。私の執筆活動は基本的に民間防衛活動の一環なのです。よって、この本で解説する投資術は詐欺師のような「軽く年利20％で回りますよ」といった胡散《うさん》臭い投資術ではありません。経済学２００年の知見と市場の常識から考えれば当たり前の話をするだけです。しかし、世にある投資本の多くはその一番大事なところを解説しない。私からみればリスクの高い投資、まるで机上の空論を書いているようにしか見えないわけです。そんなバカとしか思えない詐欺師のセールストークにハマらないためには、経済学の知見による理論武装が絶対に必要なのです。

そして、もう一つ大事なことがあります。それはインフレというのが基本的にモノ不足によって起こるという点です。なぜモノが不足するのか、その理由は簡単ですよね？　気候変動や疫病、戦争はモノ不足の大きな原因です。人類は新型コロナという大きな疫病を乗り切りましたが、その後ロシアによるウクライナ侵略という戦争に直面しています。中東ではイスラエルがハマスを掃討するという名目で一方的な攻撃を行い、反発したフーシ派が紅海を封鎖するという事態も発生。中国は台湾侵略を虎視眈々《こしたんたん》と狙っています。国際情勢が物流に影響を与え、それが各国のインフレ率を直撃する。いわゆる地政学的な知見も、今後の経済情勢を予想するために重要です。

本書はインフレモードに転換した日本経済において、資産防衛をするために最低限必要な知識を身につけていただくために書きました。あまり経済や市場に関する知識のない人にもわかりやすく書いたつもりですが、読みにくい部分があったらそれは筆者である私のせいです。ネットで検索するなどして意味を補ってお読みください。

そして、最後に大事なことを一つ言っておきます。この本に書かれた知見に従って、私はほぼ全財産を投資しております。自分で言っておいて、その投資術を使っていないとしたらただの詐欺師ですよね？　私は違うんです!!（笑）

なので、安心してください。少なくともこの方法が間違っていたら、そのときは私も罰を受けているはずですから。

経済学で読み解く

# 正しい投資、アブない投資

## 目次

## 第1章 投資に必須な経済学をコンパクトに伝授

# 第2章 経済の行方を地政学で読み解く

## 第3章 プロを打ち負かす最強の投資術

## 第4章 相場観を持てばノイズに騙されない

# 第1章
# 投資に必須な経済学をコンパクトに伝授

## 世の中には「モノ」「お金」しか存在しない

**経済学の絶対に逆らえない掟の一つに「ワルラスの法則」という恒等式があります。**簡単に説明すると以下の2つのルールに分解されます。

**①世の中には「モノ」と「お金」しか存在しない**
**②数が少ないほうの価値が上がる**

極めてシンプルなのですが、これだけです。世の中にはたくさんの商品やサービスが溢《あふ》れていますがこれらはすべて「モノ」です。車も家も時計もヘアカットも15分マッサージもサウナもすべて「モノ」。床屋のサービスまで「モノ」というのはちょっと違和感があるかもしれませんが慣れてください。「お金」以外は全部「モノ」なんです。そして、その反対に「モノ」以外はすべて「お金」。誤解を恐れずに言えば、マクロ経済学とは複雑な経済をこのように大雑把に把握して、法則を見いだす学問と言えるでしょう。

## 「インフレ型不況（＝スタグフレーション）」とは？

そして2つ目のルール。これは感覚的に理解できると思います。数が少ないほうの価値が上がる。つまり、「モノ」と「お金」の量を比べて、不足しているほうの価値が上がる。いわゆる希少価値ってやつです。これは簡単ですね。

「モノ」が不足してその価値が上がるということは、物価が上がるということです。「モノ」をつくるためには人々は働かないといけません。働けば給料がもらえます。給料がもらえればまた「モノ」が買える。このように、物価が上がることは「モノ」が売れている証拠であり、売れないよりはずっとマシな状況であることに間違いありません。企業は人を雇い、設備を拡張して「モノ」の生産を増やそうとします。いいことじゃないですか！　景気がいい！　素晴らしい。

ただし、問題はここからです。「モノ」に対する需要が強すぎるとマズいことになるからです。たとえば、「モノ」よりも「お金」が余りすぎている状態を想像してください。人々の財布の中には現金が溢れていて、みんなが買い物に殺到します。ところが、「モノ」はそんなに店先に並んでいない。そこである種の「セリ」が始まって「モノ」の値段が吊り上がっていきます。「モノ」の値段は上がりました。ところが、売れた個数はそんなに増えない。**だって、人々の需要に「モノ」の供給が追いつかないわけですから。そして、これがもっと極端なかたちになるといわゆる「インフレ型不況（≒スタグフレーション）」が発生します。**物価はどんどん上がるけど、なんらかの理由でモノがつくれないので売れ行きは芳しくない。結果として景気が悪いということです。

## 「デフレは絶対悪！」と覚えるべし

では、物価が低ければ低いほどいいかというと、これもぜんぜん違います。物価が0％を下回るデフレはインフレの行きすぎよりもずっと深刻な不況をもたらします。デフレは「モノ」より「お金」のほうが希少なときに発生します。お金の実質的価値が上がるので、人々はお金を貯め込んで使いません。なにか欲しいものがあっても「どうせ来年のほうが安くなるだろう」とタカを括って支出を先送りしてしまうのです。アベノミクス以前の日本経済がまさにこれでしたから、まだ記憶に新しいですよね？

**デフレがどうして問題かというと、大量の失業を伴うからです。デフレになると「モノ」**

**が売れませんから、企業は人員を削減し、設備への投資も積極的に行いません。人々は給料が減ったり、失業したりして将来に対して悲観的な見方をするようになります。将来不安に備えて、支出を切り詰め貯蓄に回す。**結果として「モノ」は売れず、自己実現的に物価は下がっていきます。まさにデフレスパイラル！　これに陥るとそこから這《は》い上がるのはなかなか難しい。日銀の黒田前総裁がその在任期間10年を使って金融緩和をし続けて、やっとこさ日本はこの地獄から這い上がったというのが実情です。なので、デフレだけは絶対に悪！　これだけは覚えておいてください。

## 物価上昇率2〜4％が経済の理想状態

このように、経済の状態は大きく分けてインフレとデフレであり、デフレのときは総じて景気は悪いです。ただし、インフレも行きすぎれば景気は後退します。現在、日銀の物価目標は2％です。これはあくまで下限であり、上限は明示していませんがおそらく4％程度だと思われます。**物価上昇率2％から4％というのが経済の理想状態、いわゆる「マイルドインフレ」です。マイルドインフレである限り、短期的な景気後退局面があっても**

**いずれ景気は持ち直します。**また、インフレなので「モノ」の値段は上がりますから、「モノ」をつくっている会社の価値も上がります。物価上昇にすこし遅れて給料も上がります。そして、基本的に株価も上がるとお考えください。ただし、これはあくまで長期的にはということであって、明日とか来週の株価のことではないので注意が必要です。

## デフレでもインフレでもない「ディスインフレ」

次に、4%を超えるようなインフレは行きすぎたインフレです。あまり度がすぎるとインフレ型不況に陥ります。そして、もしインフレ型不況に陥った場合、物価を下げるために日銀は金融引き締めをすることになります。具体的には利上げをして資金を市場から吸収することになります。お金の量が減ればその価値は上がります。それは同時にモノの価値を下がります。モノの価値が下がることは経済がデフレ的になることを意味します。利上げによって経済活動は停滞してしまう恐れがあります。しかし、中央銀行はインフレ率が物価目標の上限を下回るまで引き締めをやめません。そのほうが長期的な経済パフォーマンスがよくなるからです。つまり、行きすぎたインフレはそれが修正される過程で短期的に不況を引き起こす可能性が高いが、それを乗り切れば再び景気はよくなるということです。

逆に、インフレ率が日銀の物価目標の下限を下回った場合はどうでしょう？ **たとえば、0％から2％の間の微妙な水準の場合、日銀は金融緩和を行ってお金の量を増やし物価を上げようとするでしょう。実はこの0％から2％の微妙な水準こそが「ディスインフレ」と言われるゾーンです。**マイナスにはなっていないのでデフレではないのですが、2％という目標を下回ってインフレ率が低い状態。デフレではないけど、インフレでもない。なので、ディスインフレ。いずれにしてもこのゾーンに入ったら日銀は金融緩和、具体的には利下げでインフレ方向に物価を誘導することになるでしょう。日銀がその誘導を始めたら貨幣量が増えます。そして、いつか物価は押し上げられマイルドインフレのゾーンに戻ります。そして景気はよくなります。景気がよくなるということは、いずれ株価が上がるということです。ピンポイントでそのタイミングがいつか事前にはわかりませんが、長期で見れば必ずそうなる。ここがポイントです。

そして、インフレ率が0％を下回り、水準的にデフレのゾーンに入ると前述したような悲劇が起こります。なので、これは絶対に避けなければいけません。ところが、政府および日銀は1990年代末にその罠《わな》にハマってしまいました。

## いままでなぜデフレだったのか？

デフレに陥る前に、物価は必ずディスインフレのゾーンを通ります。もし日銀がアホでないなら、ディスインフレになった瞬間に全力で金融緩和をして物価をインフレ方向に誘導するはずです。ところが、1990年代の日銀はアホでした。これができなかったんです。なぜでしょう？　その理由はバブルの生成と崩壊の過程に深く結びついています。

**事の発端は1989年の日銀による金融引き締めと、翌年の大蔵省による不動産融資に対する総量規制です。これが結果的には経済をオーバーキルした結果、日本経済はデフレに陥りました。企業が儲からなくなり、給料が横ばいとなってしまったのです。**データで確認しておきましょう。

P37のグラフは年代別の物価上昇率と名目賃金の伸びを比較したものです。所得の伸びは時代が下るにしたがって頭打ちとなり、1995年以降はほぼゼロ、2000年になるとマイナスになっています。

給料は労働法上の規制などから、いきなり減らされたりすることはありません。まずは伸びが鈍化して、その次に伸び率がゼロになり、最後はマイナスに転じます。まさにこれが1990年代に起こったことです。

## 日銀の余計な金融引き締めで経済はオーバーキル

そして、もう一つ大事なことがあります。

日銀が金融引き締めに転じた1989年を含むバブル期（1985〜1995年）の賃金および物価の上昇率は後年言われている

物価上昇率と名目賃金の伸び(年代別)

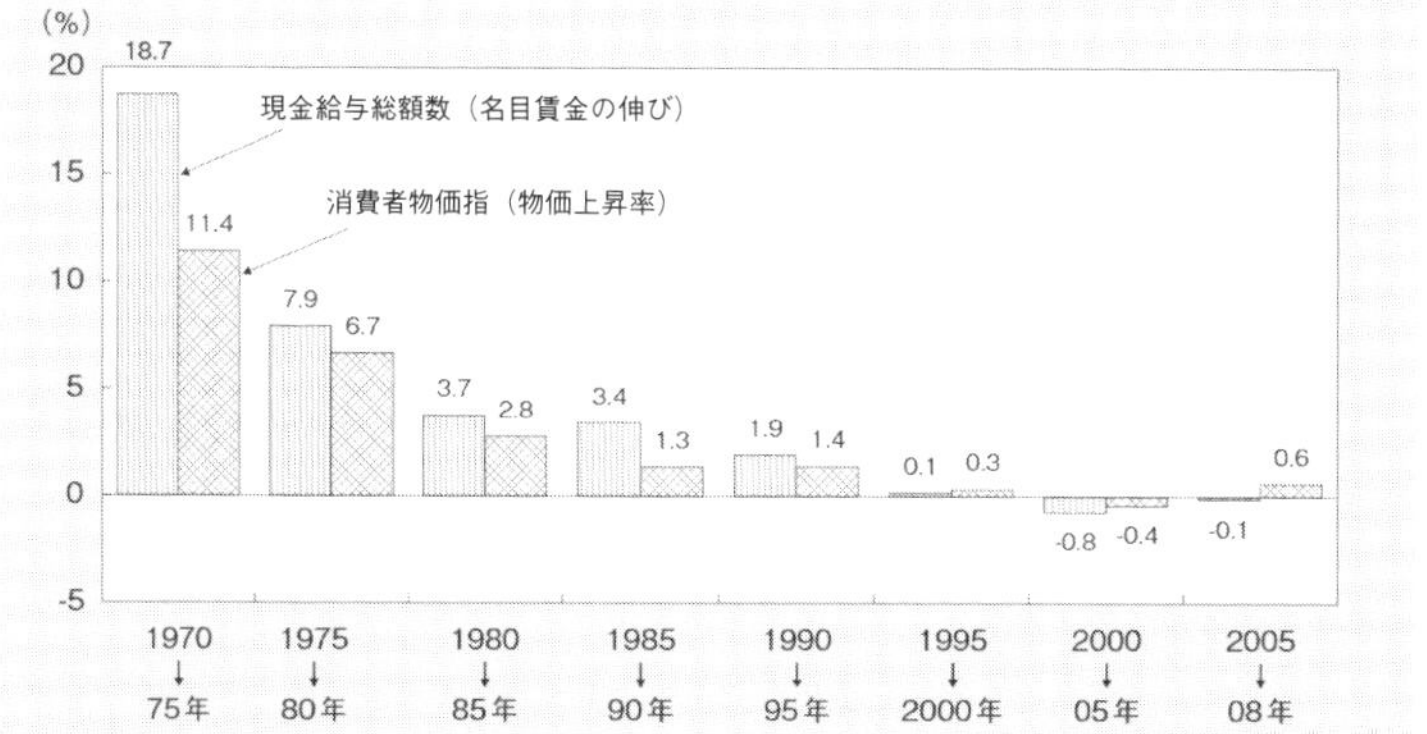


資料出所　総務省統計局「消費者物価指数」、厚生労働省「毎月勤労統計調査」より厚生労働省労働政策担当参事官室にて推計
（注）現金給与総額は、事業所規模30人以上。消費者物価指数は、総合。

【データ出所：厚生労働省「平成21年版　労働経済の分析－賃金、物価、雇用の動向と勤労者生活－」】

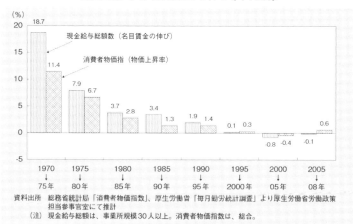

ほどド派手な右肩上がりではありませんでした。物価上昇率（コアＣＰＩ）は１・３〜１・４％です。ちなみに、２０２４年3月のコアＣＰＩは２・６％です。

**むしろ物価はディスインフレだったのになぜ日銀は金融引き締めに転じたのでしょうか？　その理由は主に異常な不動産バブルとファンダメンタルズでは説明のつかない株価。逆にいえば、株と不動産の価格だけが歪《ゆが》んでいてそれ以外はうまくいっていたわけです。**

ところが、日銀は余計なことをしてしまいました。大蔵省（当時）が不動産向け融資の総量規制を行い、不動産バブルを冷やそうとしていたのに、それに輪をかけて金融引き締めをしてしまったのです。不動産価格の歪みを正すだけなら、総量規制だけで十分なのに……。

結果的にこれが経済全体をオーバーキルしてしまいました。１９９０年から株価はみるみる暴落し、不動産価格も１９９１年に頭打ちとなってその後、大暴落！

人々の不満は徐々に高まっていきます。株価と不動産の暴落に少し遅れて、給料の伸びが鈍化し始めました。最初に減らされたのはボーナスです。そして、１９９４年の新卒採用から新入社員の募集人数が激減します。実を言うと、私はこの募集人数削減にギリギリ引っかからなかった１９９３年入社の新卒社員でした。入社1年目にリクルーターをやっていたのでよく覚えていますが、1年下の後輩の採用人数は私たちの代の半分でした。そして、これは私が勤めていた日本長期信用銀行に限ったことではありません。同じ弁論部の仲間で伊藤忠商事に就職した友達も全く同じことを言っていました。長銀と伊藤忠で新卒半減なら、おそらく当時の上場企業は全部横並びで新卒採用を半減させていたことでしょう。

## 国民の怒りを爆発させた7つの大事件

このように、1994年頃からハッキリと実感され始めたのがバブル経済の崩壊です。そして、その崩壊過程で鬱積《うっせき》した人々の不満はたびたび爆発しました。いや、爆発しっぱなしだったと言っていいかもしれません。そのキッカケになった事件は主に7つあると私は考えています。

**①1987年（昭62） NTT株第一次売り出し↓1989年（平1）暴落**

**「NTT株で儲かると聞いてたのに大損した！」（1989年にNTT株は暴落し、第一次～第三次売出しで買った人全員が損失を抱える事態に）**

②１９８８年（昭63）　リクルート事件↓１９８９年（平成元）竹下内閣総辞職
「政治家や高級官僚だけが裏で未公開株の取引で大儲けている‼　許せん！」

③１９９０年（平２）　イトマン事件（そのほか、いわゆる乱脈融資）
「銀行は人さまから預かった金をヤクザに貸していた！　おかしい！」

④１９９１年（平３）　野村證券損失補塡《ほてん》事件
「証券会社はヤクザや大口客に損させないように約束していたのか！　ずるい！」

⑤１９９５年（平７）　住専問題
「銀行の子会社が経営失敗して破綻したのに、国民の税金で救済するのはおかしい！」

⑥１９９７年（平９）～１９９８年（平10）　不良債権問題（拓銀、山一、長銀、日債銀が破綻）

**「銀行や証券会社がいい加減な経営で破綻したのに、国民の税金で救済するのはおかしい！」**

### ⑦１９９８年（平成10）　大蔵省接待スキャンダル
### 「大蔵省が賄賂《わいろ》もらって監督の手を緩めていたのか！　許せん‼」

ＮＴＴ株の暴落とリクルート事件による竹下内閣総辞職は１９８９年（平成元年）を象徴する大事件でした。また、この年は消費税が導入された年でもあります。いま思えば、その後の平成の長期停滞を暗示する事件が３つも重なっていた大変不吉な年でした。

そして、それに続く１９９０年（平成２年）には証券スキャンダル、１９９１年（平成３年）には銀行スキャンダルが相次ぎます。私が新卒で銀行に勤め始めた１９９３年には、もう住専問題（１９９５年）に火がつき始めていました。そして、住専問題の２年後に相次ぐ銀行破綻が始まります。

金融機関は民間企業ですが、大蔵省から許認可を受けた半ば公的な立場にある組織です。銀行員といえば当時は社会的なステータスも高く、犯罪に手を染めるなど考えられませんでした。ところが、ヤクザや総会屋とズブズブで乱脈融資を繰り返し、損失は子会社に飛ばして隠蔽《いんぺい》していたのです。しまいには破綻して国民に多大なる負担を強《し》いました。

そして、7つの事件の最後、トドメの一撃となったのは、大蔵省の接待スキャンダルです。公務員や政治家は本来公共の利益を考えるべき立場にあるのに、私腹を肥やしていたのです。このことを知った国民の怒りは想像を絶するものがありました。

多くの人はバブル崩壊で給料も減り、ローンを組んで買った住宅価格も下落、手持ちの株も塩漬けになっています。「なんでお前らだけが甘い汁吸ってんだ! ふざけんな!!」という怒りが大噴出! 現在の自民党裏金問題の比ではありません。実際に資産を失っているわけですから怒りが爆発して当然です。

7つの事件のうち4つ目が終わったところで、それまで38年続いた自民党政権が倒れてしまいました。1993年5月、自民党は衆議院選挙で大敗し、非自民連立政権である細川内閣が誕生したのです。しかし、この細川内閣は最悪でした。総理大臣の細川護熙《ほそかわもりひろ》氏は大蔵省の言いなりで「国民福祉税」という増税案を突然ぶち上げて総スカン。無責任に政権を投げ出して崩壊したわけです。「経済的に困窮した人々は、救済を求めて危険思想に走る」。まさにこの歴史法則通りの展開となったわけです。

## 「よいデフレ論」と呼ばれる謬論《びゅうろん》

このように国民の怒りが激しく燃え上がるなか、政府と日銀はこれまでの引き締め政策を転換し、なんとか景気を下支えしようとしました。1995年の阪神・淡路大震災をきっかけとした財政支出と、それ以前から始まった利下げ（金融緩和）によってこの時期、一時的に景気はよくなったりしていたのです。ところが、1998年に橋本内閣が消費税を増税し、物価は一気にマイナス圏に沈みました。アホです。インフレ率が2％を超えていないのになぜこんな愚かなことをしたのでしょうか？

**実はこの頃、日銀は物価目標政策（インフレターゲット）を採用していませんでした。そして、政府も望ましい物価上昇率が具体的に何％なのか示せていなかったのです。**物価目標政策、いわゆるインフレターゲットは1990年にニュージーランド中央銀行が世界で初めて導入しました。その後、カナダ（1991年）、イギリス（1992年）、スウェーデン（1993年）などが導入し、現在では20数カ国で採用されています。しかし、日本がこの政策を採用したのはアベノミクスが始まって以降。世界から20年以上遅れていたのです。

もうこれでみなさんおわかりですよね？　**マクロ経済学の知見は望ましい物価上昇率を年率2～4％程度のマイルドインフレとしています。これに逆らって、下限の2％を下回るインフレ率を容認したらダメですし、まして0％を下回るデフレにしたら大事故が起こるわけです。**ところが、政府と日銀は物価が0％を下回ってもぜんぜん危機意識がなかった。むしろ、それまで物価上昇で苦しんでいたトラウマからデフレを歓迎する動きまであったぐらいです。

それは**「よいデフレ論」と呼ばれる謬論《びゅうろん》（間違ったロジック）**です。どういう内容かというと、「現在のデフレは流通革命や合理化の結果で消費者の利益にかなう」とか、「経済のグローバル化に伴う大競争の結果で日本経済の高コスト体質の是正につながる」といったものです。なかでも典型的なのは当時日銀総裁だった速水優《はやみまさる》氏の「構造改革や流通革命等で生産性が上がり、物価が下がっていくという要素を考慮せねばなるまい（2000年3月10日）」、「最近の物価下落は情報通信分野の技術革新などの変化を背景とした『よいデフレ』に分類される（2000年3月21日）」といった不見識な発言です。

ちなみに、元祖デフレ大魔王の速水総裁には「ダム論」という持論がありました。ダム論によれば、企業収益の増加の影響はただちに表れるのではなく、貯水されたダムのように、家計所得や個人消費の増加へと徐々に波及するという考えです。いわゆる「トリクルダウン」の一種だと思えばわかりやすいでしょうか？　しかし、実際にその波及は全然ありませんでした。完全にハズレです。

## 経済学の裏打ちがない「よいデフレ論」と「ダム論」

そもそも、デフレは物価の下落から始まって、最後は雇用に悪影響を与えます。モノが売れなくなった企業は若者を雇い止めするだけでは足らず、最後は働く社員のリストラを始めます。新卒で就職できずアルバイトを転々とする人（ロスジェネ）も、給料カットで住宅ローン破産する人も、リストラされて絶望し自ら死を選ぶ人も、もとをただせばすべてデフレのせいなのです。そんなデフレがよいわけがない。だから、「よいデフレ」なんてあるわけがない。

「ダム論」はそういう経済的な苦境に立たされた人に対して、「陰では景気はよくなっていていずれその恩恵にあずかれるからもう少し待て」という詭弁《きべん》です。本当にいずれよくなるなら問題はなかったのですが、速水時代の日銀の政策はむしろ将来的に景気の悪化をもたらしました。それなのに、上流のダムにはお金がたまっている、だから景気はよくなるんだと人々を騙したのです。

**なによりも嘆かわしいことは、この2つの屁理屈を現役の日銀総裁である速水優氏が拡散していたということです。もちろん、こんな屁理屈に経済学的な根拠は全くありません。そしてそんな意味不明な考えにとらわれた日銀は2000年8月にも大きな間違いを犯します。**

当時、ITバブルの恩恵で少しだけ日本経済が上向いていました。ところが、日銀は愚かにもゼロ金利を解除してしまったのです。「将来インフレがとんでもないことになるー！（意訳）」とまさに発狂してしまったのです。当時、日銀の「良心」といわれた中原伸之《なかはらのぶゆき》審議委員（故人）はこの決定に反対票を投じています。中原氏は物価がプラスに転じていない段階での利上げに異を唱え、「デフレ懸念は払拭《ふっしょく》された」という抽象的な判断基準を痛烈に批判しました。ところが中原氏は審議委員の中では少数派でした。

そこから約四半世紀の歳月が流れ、2024年に日銀はマイナス金利を解除し、金融緩和からの出口政策をスタートさせました。なにか嫌な予感がした人もいるかもしれませんが、安心してください。昔の日銀といまの日銀は全然違います。今回、日銀はマイナス金利政策を解除したものの、ゼロ金利は当面維持し緩和的な環境を続けると宣言しております。さらに、2000年のゼロ金利解除は物価がマイナスのデフレ状態で行われたのに対して、2024年2月のマイナス金利解除時の物価上昇率はコアコアCPIで3・2%です。当時とは全く状況が違いますね。やはり、速水総裁時代の日銀は、現在の植田日銀に比べたらまさに鬼、いや悪魔でした。物価がマイナスなのに金融引き締めを始めるなんて……ハッキリ言って気が狂っているとしか言いようがない。しかも、その背景にある理論が「よいデフレ論」と「ダム論」ですから。もちろん、これらの言説にはなんら経済学による裏打ちがなかったわけです。本当に最悪。どうしてこんなバカどもが日銀の政策を決定していたのかは謎です。

## 政府と日銀がデフレを容認する時代に戻ったらなにをする?

そういえば、ノーベル経済学賞を受賞した経済学者であり、FRB議長を務めたベン・バーナンキ氏は概《おおむ》ねこんなことを言ったそうです。

「日銀の透明性は完璧だ。議事録を見れば1人を除いて残りはゴミだということがわかる」

この「1人除いて」は、中原伸之氏のことを指しているというのは有名な話です。つまり、総裁の速水氏はゴミみたいなことを言っていた。実際にやったこともインフレの被害妄想にとらわれた愚行以外の何物でもありませんでした。

さて、ここで問題です。もし私がいまと同じ経済学の知見を持ってこの時代に戻ったらなにをすると思います？　政府と日銀の迷走ぶりを見て、日本はデフレを脱却できないと確信したことでしょう。前述の通り、物価がマイナス圏に沈むというのは異常事態です。本来、政府と日銀は一刻も早く物価をプラス転換させるために一致団結しなければなりませんが、政府と日銀はちぐはぐな対応に終始している。政府が財政出動をすれば日銀が引き締め、日銀が金融緩和をすれば政府が増税する。連携もへったくれもあったものではありません。しかも、日銀総裁は「よいデフレ」などと呑気なことを言っております。**結論的にいえば、政府も日銀もデフレを容認していると認定したでしょう。デフレ容認なら、現金の価値は上がり、株は下がる。**債券買いの株売りを仕掛ければ巨万の富が得られたはず……ところがこの時点では私にその知識がなかった！　私が本格的にリフレの経済学を勉強し始めるのは2003年からなんです!!　残念！　タッチの差で間に合いませんでした。

## 悪名高い量的緩和解除とゼロ金利解除

ちなみに、2003年に日銀総裁が速水優氏から福井俊彦《ふくいとしひこ》氏に交代すると、当初、福井日銀は金融緩和を推し進めます。その効果はてきめんで、日経平均は2003年4月にバブル崩壊後の最安値となる7607円を記録したのを底に、2003年6月から突如上昇に転じます。同月、りそな銀行への公的資金投入が発表されたことにより、金融緩和が当面続くという安心感が広がったのです。そして、世界経済がITバブル崩壊からの回復過程にあったことなどを追い風に、上昇基調を強め、年末には前年末比24・5％上昇の1万676・64円に到達しました。実に、4年ぶりに前年末の水準を上回って取引を終了したのです。

もちろん、私は2003年から聞きかじったリフレ派経済学の知識をもとにこのときは株を買い進めました。金融緩和をすればデフレを脱却できる。その過程で景気がよくなり、それに先んじて株価が上がるからです。

しかし、好事魔《こうじま》多し！　**２００６年、福井総裁は悪名高い量的緩和解除とゼロ金利解除を立て続けにやってしまったのです。**この愚行に先立つこと２００５年９月、福井総裁は記者会見で次のように発言しています。

量的緩和政策の実態的な中身が、次第にゼロ金利政策そのものに近付いていくことを申し上げたのは、**量的緩和政策の枠組みを修正する将来いずれかの時点で、金融緩和の度合いがガタンと階段をつけるように不連続に変化するわけではない**ことを申し上げたかったからである。つまり、今日に至るまでの段階でも、金融機関における信用不安を背景とした流動性の予備的需要は趨勢的に減ってきているわけで、それが最後の段階までずっと続いていく。そうだとすると、流動性の予備的需要が減衰する中で、**量的緩和の枠組みで最後までコアとして残るものはゼロ金利そのもの**ということである。そのように、**量的緩和政策は、実行し続けている過程で中身が次第に煮詰まってきている。**従って、将来のある時点で、金利を操作目標とする本来の金融政策に戻っても、その段階でガタっと階段がついて引き締まり色が急に強まるということではない。あくまで連続線上で考えられるようなシフトになるだろうと申し上げたのである。（太字は筆者による）

【引用：日本銀行『総裁記者会見要旨（9月29日）』】

いずれ量的緩和政策を修正する可能性を匂わせたこの発言は市場の警戒を呼びました。このあと、福井氏はことあるごとに金融緩和の副作用を強調して、金融緩和に対してネガティブな態度を取ります。福井氏は小泉首相が念願の郵政民営化法を通したら、近いうちに政権を譲るだろうと考えたのかもしれません。日銀総裁に就任する際には小泉首相に土下座して「金融緩和しますから、総裁にしてください（意訳）」と頼んだくせに、相手が権力の座から降りるとなったら手のひらを返す。最低ですね。

小泉首相が退任した後の2006年3月の日銀政策決定会合において、福井氏は量的緩和の解除を提案し、審議委員の賛成多数で可決しました。

そのとき、福井氏は「消費者物価指数の前年比はプラス基調が定着していく」と断言し、バブル再燃への警戒などから緩和解除を押し通しました。たしかに、その時点における直近の消費者物価指数（コアＣＰＩ）の上昇率はプラス０・５％で、趨勢的《すうせいてき》に上昇しているかのように見えました。

ところが、これは錯覚だったのです。いや、おそらく福井氏はこれが錯覚であることを知りつつ、金融引き締めありきで強引な会議運営をしたのかもしれません。なぜなら、消費者物価指数は西暦の末尾が0と5の年に改定されることになっており、基準年から離れれば離れるほど上振れする誤差が出るからです。

2006年8月には改定値による消費者物価指数が発表されると、この懸念は的中しました。なんと、改定値でみればこのときのコアCPIはマイナスだったのです。福井総裁はこのことを知りながら焦って量的緩和を解除したのではないか？ **「利上げした総裁はエライ」という日銀の謎理論（ドグマ）にとらわれた愚かな行動だったのではなかったかと後世大きな批判を浴びました。**

## 経済理論を軽視してしまった結果……

ところが、株価は思いのほか好調で2007年2月の第一次安倍政権において1万8300・39円のバブル崩壊後の高値をつけます。そして、これが私を惑わせたのです。

経済政策の変更は一定のタイムラグを経て実体経済に影響します。量的緩和の解除が2006年3月だったわけですから、そこを起点として半年から1年経ったところが危ない。頭ではわかっていたのです。しかし、実体経済よりも先にその影響が出るはずの株価が、日銀の政策変更から1年近く経ってもぜんぜん下がってこなかった。

**あれ？　この経済理論、間違ってるんじゃないの？**
**ひょっとして株価はもっと上がるんじゃないの……。**

そんなことあるわけないんです。ざっくり半年から1年だけど、それが1年から2年に延びることだってある。経済における長期というのは、○年って決め打ちできないのです。ところが、それまでの株高によって大きな利益を得ていた私は、この相場がずっと続いてほしいという願望を持つようになりました。そして、その願望が経済理論を軽視し、経済理論の粗さがしをして自分の非合理的な行動を正当化しようとしてしまったのです。日経平均は2007年2月にバブル後最高値をつけると、その後は下落し始めました。しかし、私は多少の下落はあっても、また戻るだろうとタカを括り、手持ちの株を売らずに保持し続けることを選びました。そして、2008年9月に大事故が起こります。リーマンショックです。

## 資産が半減したリーマンショックが教えてくれたこと

このとき、資産が半減する大ダメージを食らい、私は思い知りました。**やはり経済学200年の知見は正しい。物価がマイナスなのに金融引き締めをすればデフレに戻って当然だと。**経済はクールな頭と熱いハートで向き合うものです。ハートだけでは事故に遭います。しかし、頭だけではリスクが取れません。適度なバランスがとても大事。リーマンショックは私にそのことを教えてくれました。

普通ならここで株なんてやめちまえってことになるのですが、私は違いました。塩漬けになったポジションはある程度整理しつつ、仕事で儲かったお金を普通預金で貯め込みました。一切運用せず現金のままキープ。さらに、銀行が倒産するリスクも考慮して1つの銀行には1000万円までしか預金しない徹底したリスク回避策を実行したのです。それはいずれ政府、日銀のデフレ容認政策が終わることを見込んで、全力で株を買うための軍資金でした。そして、運命の2012年11月、野田総理と安倍総裁の党首討論の日を迎えたわけです。当時、野党である自民党の支持率は与党だった民主党の2倍。解散すれば政権交代は間違いなし。しかも、自民党総裁の安倍氏は経済政策の筆頭に金融緩和を掲げていたわけです。野田総理のブチギレ解散の報を聞いた私は、「ついに運命の時が来た！」と確信したわけです。

## 金融政策無効論にとらわれていた日本銀行

２００８年のリーマンショック以降、貯め込んだ弾薬はこの与野党党首討論の直後から投票日までの間に全弾発射しました。そして、今度は大当たり。８０００円台だった日経平均は一気に1万５０００円台まで値上がりしたのです。そして、その後、安倍政権の間は2万円台をキープしました。それまでの負けを取り返して余りある成果に、経済学の知見は正しいと私は確信したわけです。やはり経済学しか勝たんと。

そもそも、日銀は望ましい物価上昇率の実現こそが使命です。なぜなら日銀の設置法である日銀法には次のような条文があるからです。

第二条　日本銀行は、通貨及び金融の調節を行うに当たっては、物価の安定を図ることを通じて国民経済の健全な発展に資することをもって、その理念とする。

「物価の安定」と書いてありますよね？　しかし、速水、福井、白川はこの「物価の安定」の解釈がおかしかったのです。そして、それこそがバブル崩壊からアベノミクスまでの間、金融政策の混乱を招いた原因でした。端的にいうと、速水、福井、白川時代の日銀は望ましい物価上昇率なんてどうでもよかった。物価がプラスだろうがマイナスだろうが一定であればいいと考えていた節があるんです。

だからこそ、物価がマイナスなのに慌てて利上げをしたり、量的緩和を解除したり、極めて愚かな行動を取った。この愚かな日銀の慣行を改めさせたのは安倍元総理です。財務省で最も経済学の知見に明るい黒田東彦《くろだはるひこ》氏を総裁に据え、2期10年の長きにわたって粘り強い金融緩和を続けました。物価がマイナスなんだから、お金を刷る。この極めて当たり前のことができなかった日銀はやっとまともになったわけです。

**なぜそんな愚かな考えにとらわれていたのか？　彼らの発言などを観察して、その背景にある考えを推察するに、当時の日銀は金融政策では物価がコントロールできないという考えにとらわれていたように思えます。ある種の金融政策無効論です。**

## 「経済の安定＝金融システムの安定」という無責任さ

日銀総裁といえば、通貨の番人であり、貨幣量をコントロールすることでインフレもデフレも起こせるはずですが、奇妙ですね。しかし、残念ながらそうとしか思えない。いみじくも福井総裁の後任であり、デフレ大魔王との異名を持つ白川方明《しらかわまさあき》（呼び捨て）はリーマンショックの直後に開かれた2008年9月18日の記者会見において次のように述べております。

（問）今回の米国の危機で、日本の金融機関でリスクにさらされている資産があるということでまず影響が出ていますが、こうした日本の金融機関などへの影響について基本的な見方をお聞かせ下さい。

（答）金融機関への影響について申し上げますと、わが国の金融機関のリーマン・ブラザーズへの与信は大手行中心であり、これに関連した損失が発生する可能性はありますが、大方の先では期間収益で吸収可能な範囲内とみられます。従って、これが経営体力の大きな毀損《きそん》につながる可能性は低く、全体として、わが国金融システムの安定した状態が脅かされることはないとみています。もちろん、リーマン・ブラザーズの破綻が国際金融資本市場全体に大きな影響を与え、そのことが世界経済に影響を与えていくというルートも含めて点検していきますが、現在、このことによって国際金融資本市場がさらに大きく動揺して、経済の安定が脅かされるとは考えておりません。リスクとしては十分認識しています。いずれにせよ、現実に国際的な金融資本市場が緊張しているわけですから、そうした状況が金融システムの不安定さというものに繋がらないようにしていくことが私どもの責務だと思っています。

【引用：日本銀行「2008年9月18日 日本銀行総裁記者会見要旨」】

「わが国金融システムの安定した状態が脅かされることはない」と述べたことの真意は、「1990年代末のような銀行倒産による金融システム不安は起こらない」ということです。意地悪な言い方をすれば、日銀の管轄内である金融機関は潰れませんということであり、ある意味、責任回避です。白川からすれば、金融機関さえ潰れなければ与えられた任務は完了。物価がいくらだろうが知ったことではないということです。

次に「経済の安定が脅かされるとは考えておりません」という部分は、金融機関さえ守り切れば、そのあとに起こる経済現象はすべて民間の責任であり私は関知しないという意味です。物価は民間活動によって決まるものであって、日銀は関知しないということを暗に言っているわけです。

**白川にとって「経済の安定＝金融システムの安定」であって、それ以外の部分は下々の民間経済が勝手にやっているということなのでしょう。**私は白川がきっとそう思っていたと決めつけています。なぜなら、白川はリーマンショック発生から約2年間なにもしなかったからです。

主要国と比べた日本のマネタリーベース

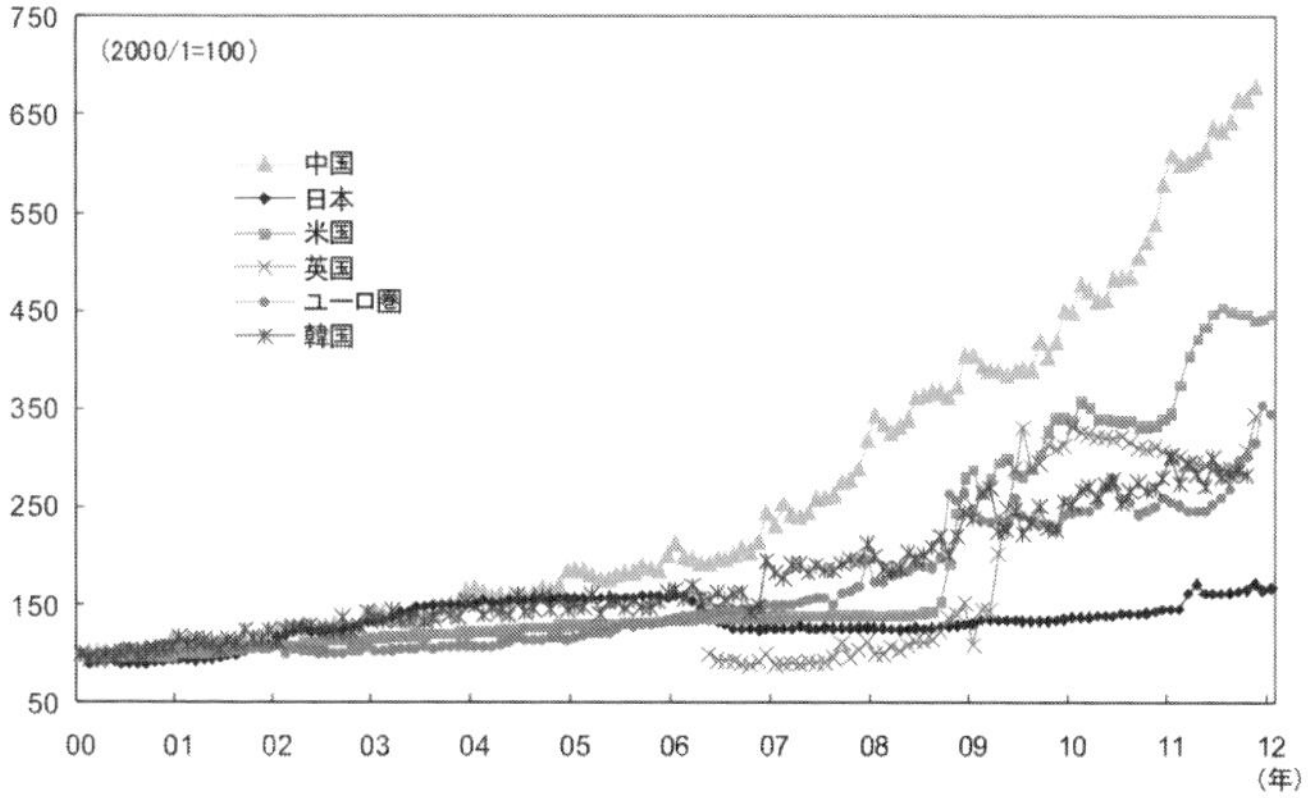


(出所) IFS,Datastream、Haver analytics
(注) ユーロ圏はECBの資産。イギリスはデータが接続していないので2006年5月を100とした。



【データ出所：大和総研】

各国の中央銀行はデフレになったら大変だと、貨幣量を3倍、4倍と増やすなか、日銀だけが貨幣量横ばい（P59のグラフ参照）。日本円の数が少なく希少になれば、当然他国の通貨に対して高くなります。実は、1ドル80円といった異常な円高は白川の不作為が招いた人災だったのです!!

## なぜアベノミクスでデフレが脱却できたか？

さて、ここまではアベノミクスが始まるまでなぜ日本がデフレだったかという話でした。これが理解できればなぜアベノミクスでデフレを脱却できたかもわかります。P61のグラフをご覧ください。

このグラフはマネタリーベースの平均残高推移のグラフです。マネタリーベースとは、日本銀行が世の中に直接的に供給するお金のことで、具体的には日本銀行券発行高、貨幣流通高、日銀当座預金の合計値です。

ご覧いただければ一目瞭然でしょう？　第二次安倍政権が誕生したのは2012年、

そして白川が任期前に退任して黒田東彦氏が新総裁に就任したのは２０１３年3月です。そこからマネタリーベースは右肩上がりになっています。黒田氏は具体的になにをしたのでしょうか？２０１３年4月4日に日銀政策決定会合で次のような決定がなされております。

日本銀行は、本日の政策委員会・金融政策決定会合において、以下の決定を行った。

「量的・質的金融緩和」の導入

日本銀行は、消費者物価の前年比上昇率2％の「物価安定の目標」を、2年程度の期間を念頭に置いて、できるだけ早期に実現する。このため、マネタリーベースおよび長期国債・

マネタリーベース平均残高（億円）

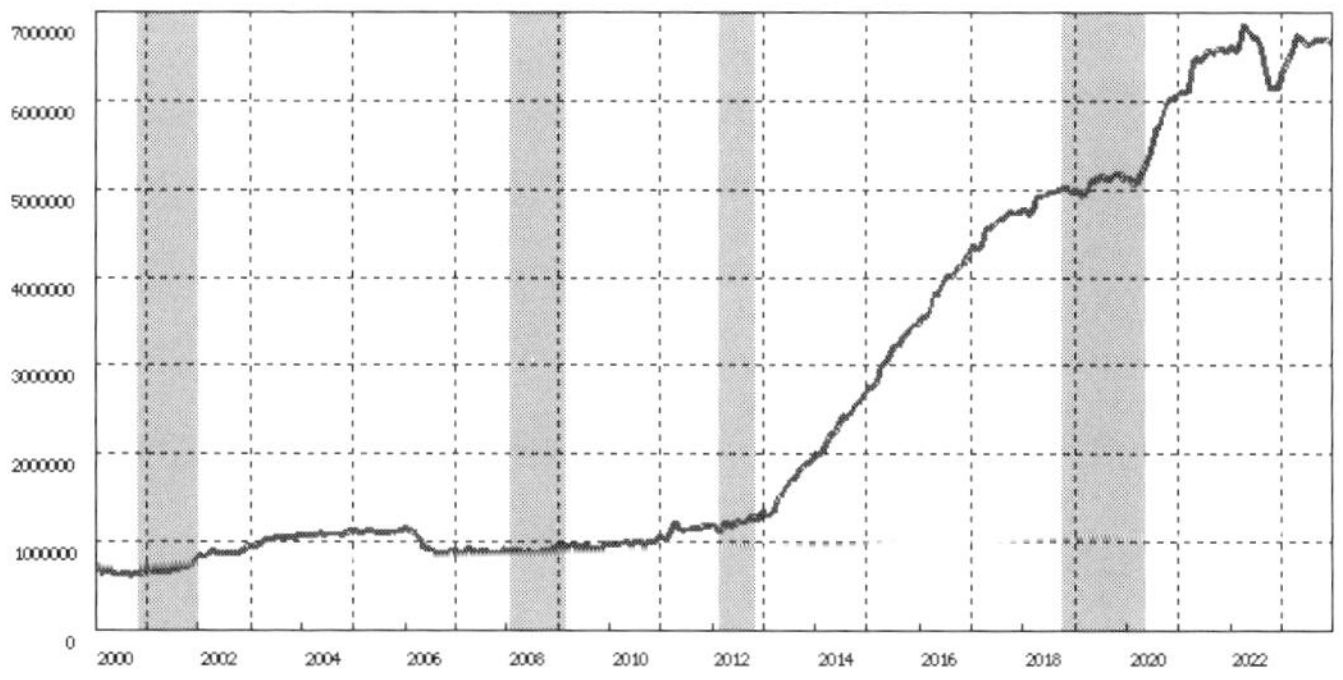


【データ出所：日本銀行】

ETFの保有額を2年間で2倍に拡大し、長期国債買入れの平均残存期間を2倍以上に延長するなど、量・質ともに次元の違う金融緩和を行う。

①マネタリーベース・コントロールの採用（全員一致）

量的な金融緩和を推進する観点から、金融市場調節の操作目標を、無担保コールレート（オーバーナイト物）からマネタリーベースに変更し、金融市場調節方針を以下のとおりとする。

「マネタリーベースが、年間約60〜70兆円に相当するペースで増加するよう金融市場調節を行う。」

②長期国債買入れの拡大と年限長期化（全員一致）

イールドカーブ全体の金利低下を促す観点から、長期国債の保有残高が年間約50兆円に相当するペースで増加するよう買入れを行う。また、長期国債の買入れ対象を40年債を含む全ゾーンの国債としたうえで、買入れの平均残存期間を、現状の3年弱から国債発行残高の平均並みの7年程度に延長する。

③ＥＴＦ、Ｊ・ＲＥＩＴの買入れの拡大（全員一致）
資産価格のプレミアムに働きかける観点から、ＥＴＦおよびＪ-ＲＥＩＴの保有残高が、それぞれ年間約1兆円、年間約３００億円に相当するペースで増加するよう買入れを行う。

④「量的・質的金融緩和」の継続（賛成8反対1）
「量的・質的金融緩和」は、２％の「物価安定の目標」の実現を目指し、これを安定的に持続するために必要な時点まで継続する。その際、経済・物価情勢について上下双方向のリスク要因を点検し、必要な調整を行う。

（後略）

【引用：日本銀行「量的・質的金融緩和」の導入について（２０１３年４月４日）】

日銀は市場で国債、株式、ＲＥＩＴを買うことで対価としてお金を市場に供給します。

つまり、日銀が市場からなにかを購入するとマネタリーベースは増加するわけです。この決定会合で、「マネタリーベースが、年間約60～70兆円に相当するペースで増加するよう金融市場調節を行う」と宣言し、実際にその通り買った結果がP61のグラフです。大量にお金がバラ撒かれればお金の価値は下がり、反対にモノの価値は上がります。モノの価値が上がれば物価が上がる。結果として、日本のインフレ率はすぐにマイナス圏を脱したのです。

## 物価を決める「期待の働き」とは？

P65のグラフはエネルギー価格も含んだ消費者物価指数（コアCPI）の推移を表しています。2008年は原油価格の高騰で1％をわずかに超えました。しかし、同年9月に発生したリーマンショックにより需要が大幅に減退、その後コアCPIがプラス転換するのは2013年以降となります。そして、残念ながら日銀が設定した物価目標である2％を達成するにはさらにあと10年弱の歳月を必要としました。日本の物価上昇率が安定的に2％を超えたのは2022年終わり頃からです。黒田氏の総裁在任期間10年と、後任の植田氏の在任期間の最初の1年を金融緩和し続けてやっと達成できました。なぜこんなに時間がかかったのでしょうか?

一番大事なことは「期待の働き」です。人々が、物価は上がると期待するか、下がると期待するか。この期待こそが物価を決めていると言っても過言ではありません。では、その期待はどのように動くのか? 日銀政策決定会合の後の記者会見なんて見ている人はあまりいないはずですが、なぜか日銀が金融緩和をすればインフレ期待は高まり、引き締めをすればインフレ期待は萎《しぼ》みます。

以前、私はこの問題について師匠であるイェール大学名誉教授の浜田宏一《はまだこういち》先生に質問してみたことがあります。浜田先生曰《いわ》く、人々はそれぞれが重要と考えるシグナルをとらえて行動していると

消費者物価指数(コアCPI)の推移

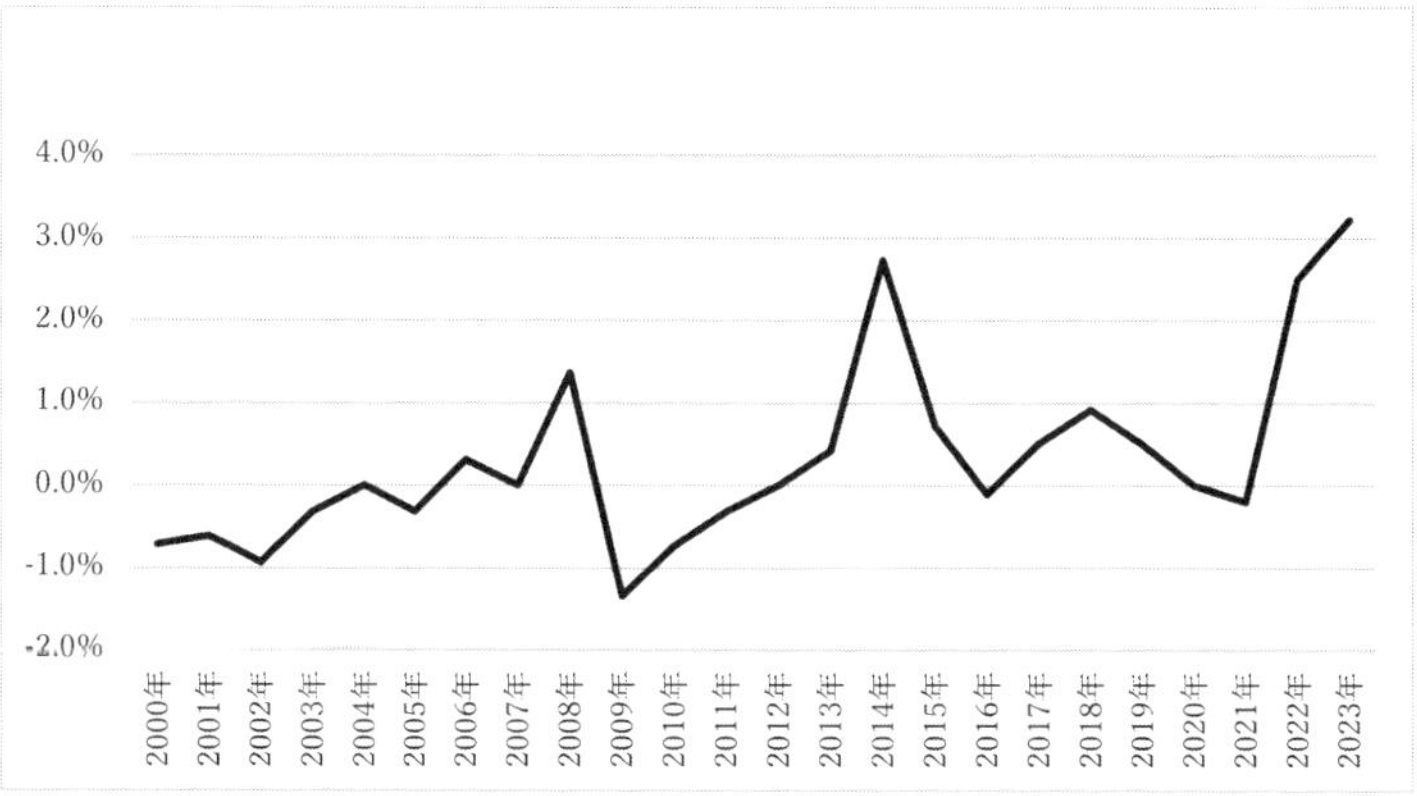


【データ出所:「統計ダッシュボード」(https://dashboard.e-stat.go.jp)】

のことでした。具体的に言うと、私のような会社の経営者の場合、日々、入ってくる売り上げデータや銀行の担当者の態度の変化などをシグナルとしてとらえ、行動を変化させています。売れ行きがよくて、銀行担当者の態度が「借りてください」ならば、より大きな売り上げを取りに行くためにお店を大きくしようかなどと考えるからです。

お店を大きくするためには設備を増設する工事が必要であり、工事完了後は運営スタッフを増員する必要があります。そして、この投資が的中して売り上げが増えれば会社も儲かり、スタッフの給料もたくさん払える。**このようなかたちで異なる立場、ビジネスモデルを持った人が、それぞれ重要だと思えるシグナルをとらえて行動した結果としてモノに対する需要が増えたり減ったりするわけです。そして、その状態に対して供給が少なければ物価は上がっていきます。**

## 「財政破綻がー！」と発狂する財務省の愚行

速水、福井、白川と3代、5年にわたって日銀は物価がマイナスであるにもかかわらず十分な金融緩和を行いませんでした。福井氏は任期の前半では金融緩和を行ったものの、後半は裏切ってまさかの引き締め。白川に至ってはリーマンショック後、2年間なんの対策もせず、それ以降もかたちだけの小出しの金融緩和に終始しました。この15年間で人々の期待は何度も裏切られ、どうせ日銀はデフレ脱却なんてやるつもりはないんだろうと思ったわけです。その強い刷り込みを払拭するのに11年かかった。簡単に言えばそういうことです。

同じことは政府にも言えます。そもそも、日本がデフレに陥ったのは1998年の消費税増税がキッカケです。まだ景気が本格的に回復していないのに増税すれば景気が腰折れして当然です。**ところが、そんな愚行を「財政破綻が――!」と半ば発狂して推し進めてきたのが財務省です。アベノミクスが始まった翌年の2014年4月に消費税が増税されました。見かけの物価は上がりましたが、この増税が人々の期待に悪い影響を与えた可能性はないでしょうか?** 少し景気がよくなるとすぐに引き締め的な行動に走る。2013年から物価はプラス転換しているのに、給料がなかなか上がらなかった理由もまさにこれです。

## 経営者が内部留保を増やす当然のワケ

経営者は、ボーナスは上げても給料を上げることにはとても慎重です。なぜならボーナスはいつでも下げられますが、日本の労働慣行から給料は一回上げたらなかなか下げることができないからです。日銀と財務省が、いま一つ信用がおけない。そういう状況下において、給料を上げることに慎重になるのは当然ではないでしょうか？　私も経営者の一人として日銀と財務省をなかなか信用することができませんでした。これは多くの経営者の共通見解ではないかと思っています。

それから企業の内部留保の問題も全く同じ理由ではないかと思います。よく内部留保を企業の貯金と勘違いしている人がいますが、実際には違います。企業はその年に出た利益を配当として株主に配るか。企業の中にとどめて留保するかの選択を迫られます。留保したお金が貯金で残っていることは稀《まれ》で、大抵の留保金は設備投資などに回っています。この流れがわかっていれば、内部留保が増えた理由は簡単です。

**バブル崩壊のときにある日突然、借金を全額返せと銀行に迫られたトラウマ体験が多くの経営者の頭には残っています。政府と日銀が裏切れば再び景気は悪化し、デフレに戻っ**

**てしまいます。そのとき、銀行はまたバブル崩壊のときのように手のひらを返して借金返済を求めてくるかもしれない。だから、経営者たちはなるべく銀行に借金をつくらないように行動を最適化させたわけです。**

そして残念ながらデフレが続いている間、このような行動を取った経営者が生き残りました。リスクを取った経営者は無惨に裏切られ、大抵の人は市場から退場させられてしまいました。

おそらく、これこそ内部留保が増加した理由です。私も経営者の一人としてこれと全く同じ理由に基づいて内部留保を増やした、実際にそうしたことによって生き残ったと思っています。

たとえば、2020年のコロナショックを内部留保なしに乗り切れたかというと、かなり疑問です。たしかに、政府はゼロゼロ融資など資金繰り支援をしてくれましたが、私からすればその手続きはtoo little, too lateでした。事業再構築補助金などは審査業務がパンクしており、実際に申請してからお金が振り込まれるまで2年近くの時間がかかった例もザラです。その間の資金はどうやって繋ぐかというと内部留保なわけですから、本末転倒です。

## 金融緩和がついにまともに解除された

このように、黒田日銀は大変頑張りましたが、バブル崩壊のトラウマを完全に払拭するまでには至らず、日銀は物価目標を安定的に達成できない状態でした。ここに襲ったのがコロナショックであり、そのあとのロシアによるウクライナ侵略という戦争ショックです。物流の混乱やエネルギー価格の高騰により、サプライチェーンにショックが走りました。コロナショックで全世界的な金融緩和によってお金が溢れているときに、戦争によって国際商品市況が高騰。お金が余って、モノが足らないという典型的なインフレモードが本格的に始まったのでした。さすがに、この波を被った日本人も目を覚ましました。もはやデフレを心配している場合じゃない！　２０２２年ついに日銀は生鮮食品とエネルギーを除く消費者物価指数（コアコアＣＰＩ）でも物価目標である２％を達成したのです。しかし、日銀はここでいきなり金融引き締めに走ることはしませんでした。金融緩和を止めても物価が安定的に2％以上で推移することができるかどうか1年以上かけて慎重に検討したのです。**そして、２０２４年3月19日の政策決定会合でマイナス金利解除とイールドカーブコントロール撤廃が決定されました。約四半世紀の年を経て、ついに量的緩和政策が出口**

**を迎えたわけです。**

とはいえ、このタイミングで金融緩和を解除したことにはさまざまな批判がありました。3月では早すぎるとか、焦っているとか、まだデフレ状態だとか……しかし、どの批判もいま一つ説得力に欠けます。

たとえば、金融緩和の解除を急ぎすぎるとデフレに戻るリスクがあると批判する人がいます。たしかにデフレに戻る可能性はゼロではないでしょう。しかし、それは一体何か月後に何%の確率で発生するのでしょうか？

日本が破産すると警鐘を鳴らし続けている人に、私はこれと同じ質問をしていました。そして、そんなに破産する可能性が高いならあなたの持っている日本円は紙くずだから私がもらってあげましょうと言っておりました。典型的なゼロリスク信仰、経済評論としては0点です。

## 「オーバーシュート型コミットメント」とは？

次に、もう少し細かく「3月の解除は早い、4月ならよかった」と批判する人について。

お言葉ですが、その1か月の差が決定的だと言えるエビデンスをお願いします。あるわけないですよね。はい、却下。

それから、この政策決定会合の結果が事前に新聞にリークされ記事になったと批判する人もいます。たしかに情報管理上、問題かもしれませんが、それは今回の政策変更の是非とは別問題です。なので、これも却下。

そして、ここから先はややテクニカルな批判です。「オーバーシュート型コミットメントを裏切った」といった趣旨の批判を聞いたことがあるでしょうか？　オーバーシュート型コミットメントとは、物価目標を達成しても即座に金融緩和を解除することはないという約束のことです。原油価格高騰などの特殊要因で金融緩和を解除してしまうと間違いのもと。2006年の日銀による量的緩和解除がまさにそれでした。だから、瞬間風速ではなく、しっかりと趨勢、傾向を見て判断するために、金融緩和の解除は急がないということです。

**ところが、アメリカがオーバーシュート型コミットメントをやりすぎた結果、逆方向で事故が起こります。**ＦＲＢはリーマンショック後に導入した量的緩和を解除する条件をインフレ率と失業率に明確な基準に依拠して決めていました。その基準値を超えない限りは現在の金利水準を据え置くというコミットメントです。しかし、そのせいでコロナショックのときは引き締めのタイミングが遅れました。その結果は下記のグラフの通りです。

なんとインフレ率9％!! これは明らかに失敗でしょ？ さすがに9％は悪性インフレです。全力で利上げして退治しなくてはなりません。もちろん、ＦＲＢはバカではないのでそれをやりました（Ｐ74のグラフ参照）。

その結果、シリコンバレー銀行、ファーストリパブリック銀行、シグネチャー銀行などが相次いで取り付け騒ぎを起こし、金融システム不安が起こりかけました。もちろん、ＦＲＢは米財務省と米連邦預金保険公社

**2020年2月～2024年2月 米国消費者物価指数(CPI) (前年同月比)**

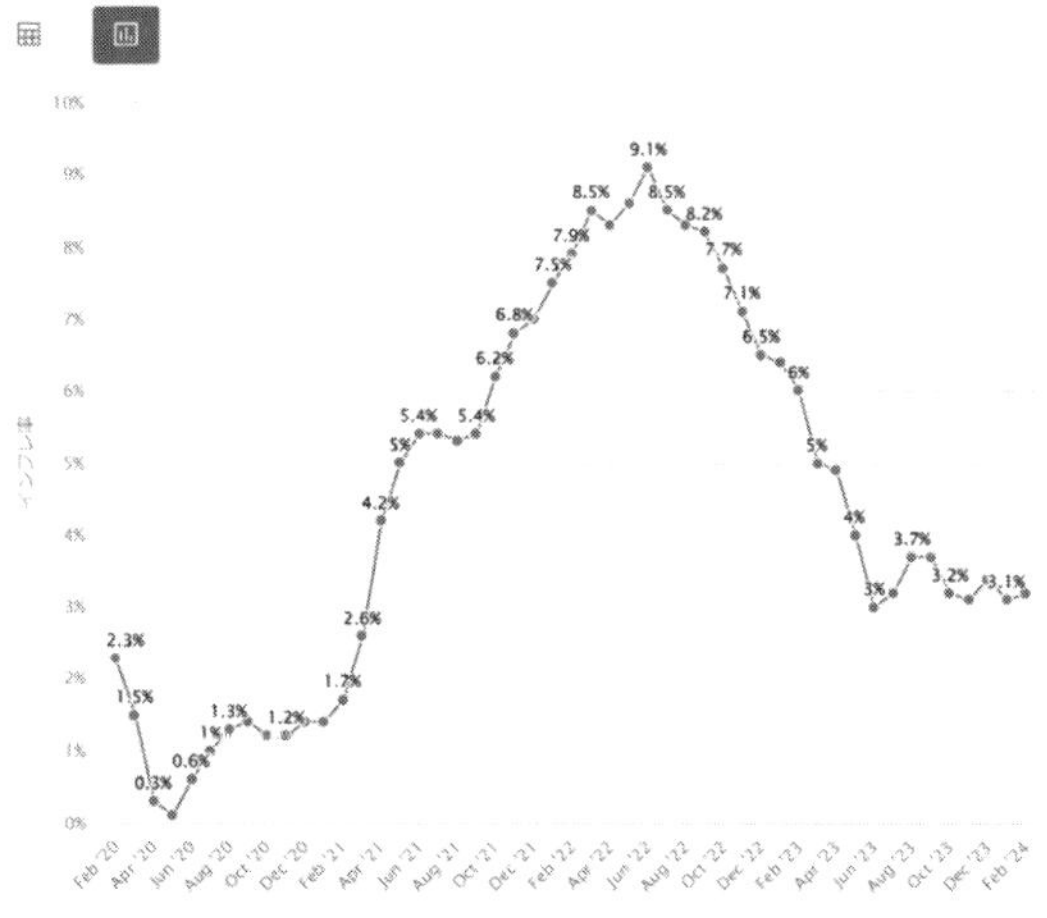


【データ出所：Bureau of Labor Statistics】

（ＦＤＩＣ）との見事な連係プレーでこの危機を抑え込んだのですが、これらの銀行は事実上、潰れたと言っても差し支えありません。急激な利上げには常にこういった巻き込み事故が伴います。なので、それはやらないに越したことはないわけです。

これに対して日銀は２０２２年10月以降、コアコアＣＰＩで物価目標の２％を達成しましたが、２０２４年の３月まで金融引き締めを待ったということになります。なぜこのタイミングだったかと言えば、これ以上待つとアメリカの二の舞になるリスクが高いからです。３月の春闘では大幅な賃上げが相次ぎました。大企業がここまで賃上げすると、中小企業もほぼ１００％それに追随

## 米国政策金利の推移

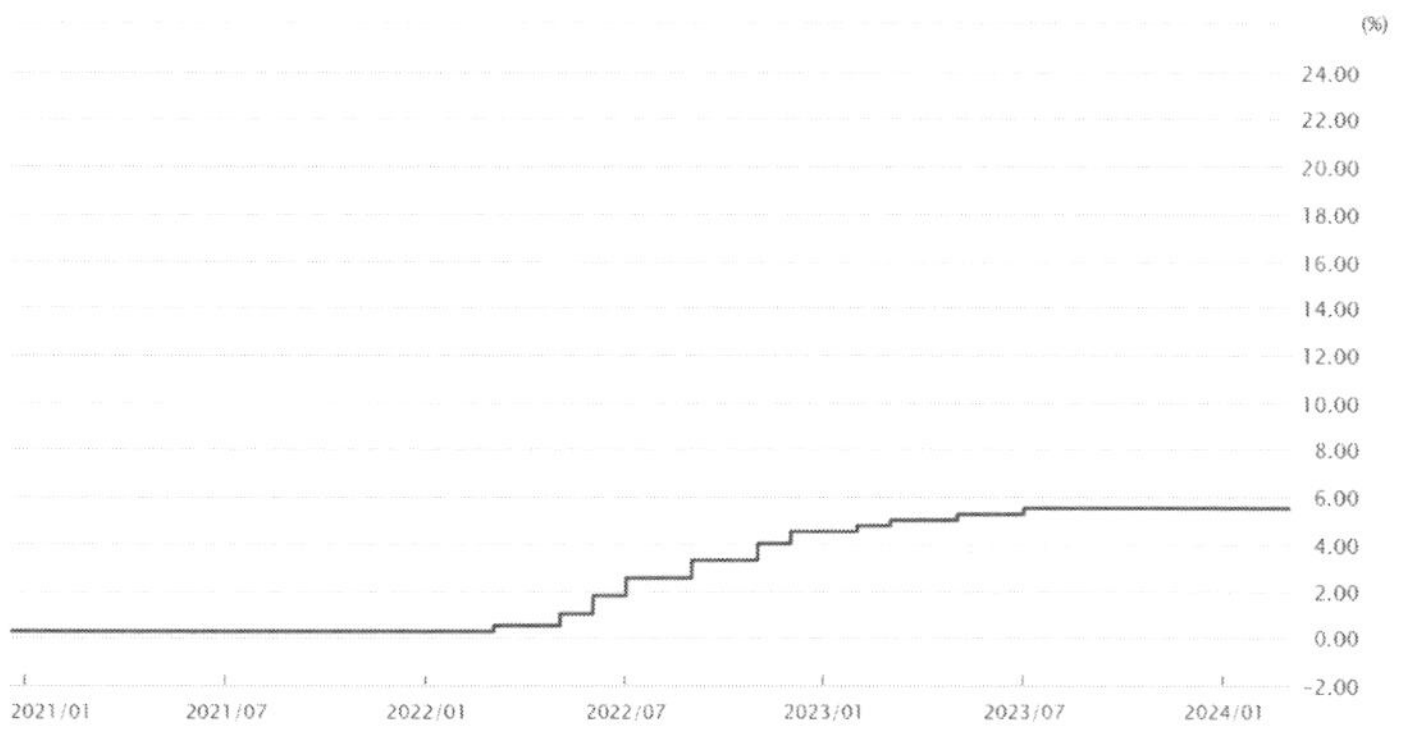


【データ出所：外為どっとコム】

します。給料が増えればみんなが買い物に出かける。買い物に多くの人が殺到すると物価が上がる。そういう好循環が生まれつつあるとき、無理して金融緩和を続けてお金を供給しすぎると、インフレ率がオーバーシュートしてしまう可能性があります。そして、オーバーシュートが起こった場合、金利を一気に引き上げて急ブレーキをかけざるを得ない。しかし、それには巻き込み事故が……なので、なるべく急ブレーキをかけないように最初からスピード調整することが肝要なわけです。

## なぜトルコはインフレ率のスピード調整に失敗したのか？

ちなみに、このスピード調整に完全に失敗したのがトルコです。2018年から2021年11月まで、消費者物価指数は10％から20％台と日本から見るとかなり高いレンジで推移していました。ところが、新型コロナウイルスのパンデミック以降の2021年12月からインフレ率は急上昇し2022年10月には85％を超えました。トルコ統計局が2024年3月4日に発表した2月の消費者物価指数（CPI）は前年同月比67・07％と依然として高いインフレ率が続いています。

なぜこんなことになったのか？　トルコ中銀は２０１２年以降の物価目標を５・０±２・０％と定めて金融政策を運営してきました。ところが、実際のインフレ率が目標を上回る状況が続きました。トルコ中央銀行は手をこまねいていたわけではありません。Ｐ77のグラフをご覧ください。

２０１９年には政策金利を24％まで引き上げるなど果断なインフレ退治に挑んでいました。しかし、それでもトルコのインフレ率は収まりませんでした。なぜなら、いくら中央銀行が引き締め政策をやっても、その裏で政府が鬼のようなバラマキをやっていては効果がないからです。

２０１４年から10年間長期政権を築いているエルドアン大統領が、トルコ経済を発展させたのは間違いない事実です。しかし、それと同時に政治的な人気取りのためにバラまき政策を行っているのも事実です。**特にそれが顕著になったのは２０２０年のコロナショック以降です。また、エルドアン大統領は金融政策にもたびたび口を出し、利上げのタイミングやペースが遅れた可能性もあります。インフレは加速度的に進み、２０２２年10月には85％を超えてしまったわけです（Ｐ78のグラフ参照）。**

しかし、さすがにここまで来るとインフレを抑えざるを得ません。物価の野放図な上昇は国民からも非常に評判が悪いからです。2023年の春から、トルコ中銀は再び利上げ路線に転じます。一つ前のグラフでご確認ください。まさに激烈な連続利上げです。こんなことをすれば経済をオーバーキルすること間違いなし。そして、国民からの評判も最悪となります。

トルコで3月31日に統一地方選挙の投開票があり、最大都市イスタンブールと首都アンカラの市長選で主要野党が大差での勝利を宣言した。レジェップ・タイ

政策金利(一週間レポ金利)

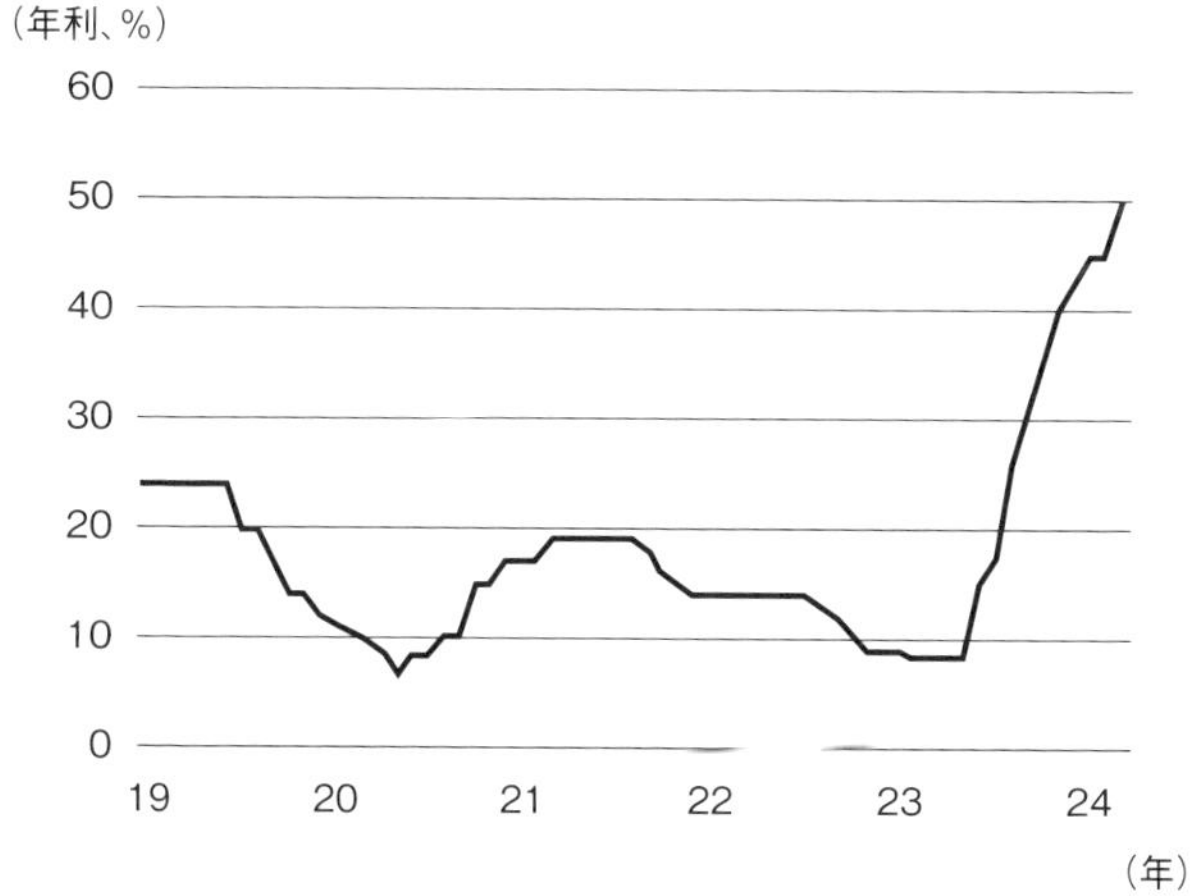


【データ出所：トルコ中央銀行】

イップ・エルドアン大統領（70）にとっては大きな打撃となった。

　エルドアン氏が21年前に政権に就いてから、政権与党の公正発展党（ＡＫＰ）が国内各地で敗北を喫したのは初めて。

　エルドアン氏は昨年5月の大統領選で3期目をとなる政権維持を決め、イスタンブールとアンカラの市政を与党が奪還することを狙っていた。

【引用：トルコ統一地方選、野党が勝利宣言　エルドアン大統領に大打撃『BBC NEWS Japan』（２０２４年４月１日）】

　エルドアン大統領が率いる与党公正発展党は統一地方選挙で歴史的敗北を喫し

**消費者物価**

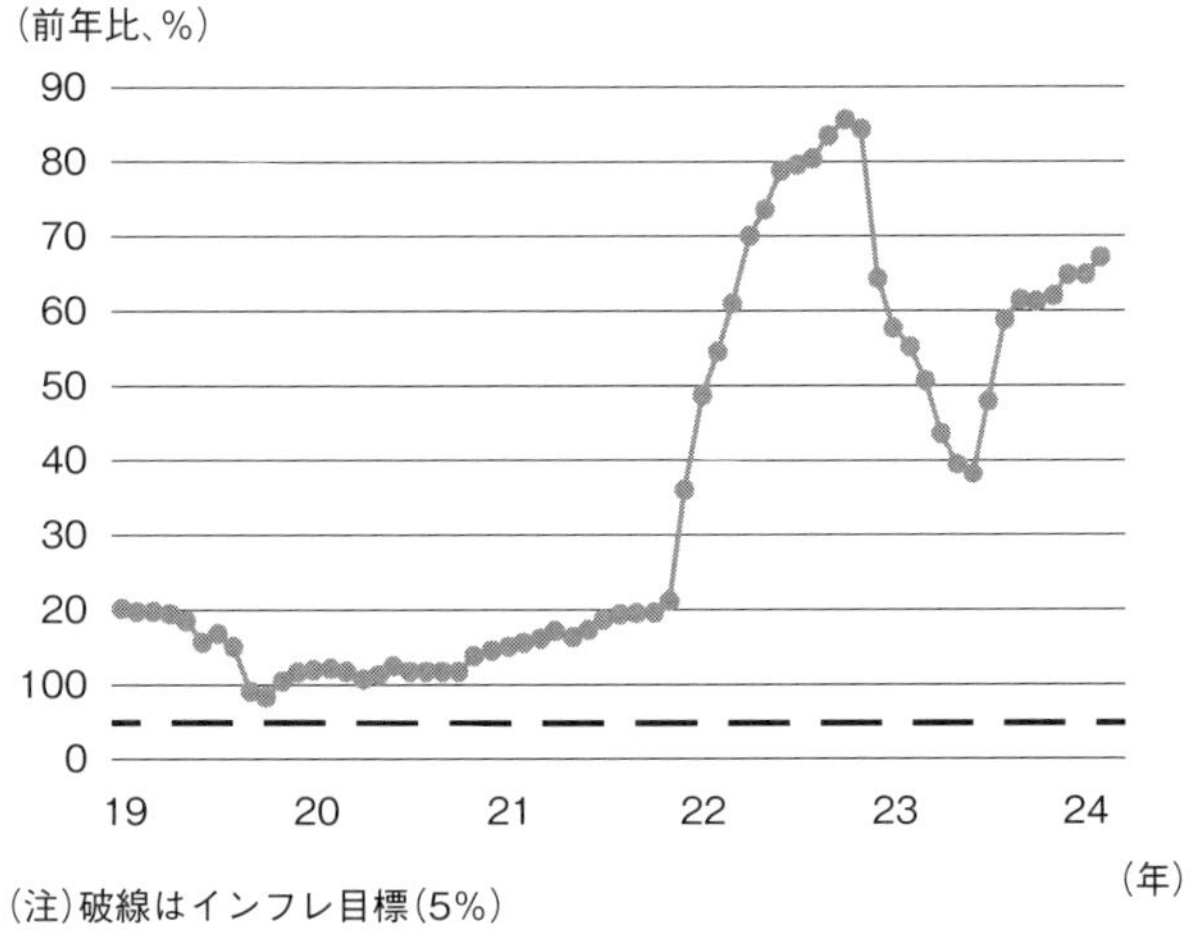


（注）破線はインフレ目標（5%）

【データ出所：トルコ統計局】

ました。インフレは行きすぎてもやはり問題がある。過ぎたるは猶及《なお》ばざるが如しなのです。

## 経済の予想は複雑な連立方程式を解くのがカギ！

さて、ここまでの話をまとめましょう。その国の経済にとって最も心地よいインフレ率の水準はマイルドインフレです。日本のように高度成長が終わって先進国になった国の場合、そのレンジは概ね2～4％です。中央銀行は基本的にこの範囲内で物価をコントロールすることが求められます。逆に言うと、このレンジを超えてなにもしなければ事故が起こります。上に行けばインフレ型不況、下に行けばデフレ。なので、このレンジを超えそうになったら必死で止める努力をしなければならない。ところが！　ときとしてその努力を妨害する迷惑な人が現れます。たとえば、日本の場合、日銀総裁の誤った経済観ややる気のなさ、財務省の「増税真理教」的で硬直的な態度が正しい政策を阻んできました。そして、トルコの例で見た通り、海外では独裁的な権力を持つ為政者が人気取りのためにバラまきをして正しい政策を阻害することもあります。

経済見通しを立てる場合、単に経済理論だけを理解しているだけでは足らない理由がここにあります。正しい政策がなにかは経済学の知見を学べば誰でもわかること。しかし、それが実行できない事情がある。その多くが政治に起因しています。**さらに、政治といっても国内政治に限った話ではない。この後詳しく述べますが、国際政治の影響を受ける場合も多々あるのです。**

さらに、経済政策が政治の影響を受けることを市場参加者の多くは知っていて、それを織り込んで将来の株価や為替レートを予想しています。その予想こそが期待の働きというか、期待の表れそのものです。**経済理論と政治的な事情に加え、それを受け止める人々の予想がどうなるのか？　複雑な連立方程式を解いて初めて経済の予想ができるわけです。**

特に最後の期待の働きの部分はとても難しい。代理変数にあたるものはなきにしもあらずですが、どれも「帯に短し襷《たすき》に長し」な感じ。最後の最後はあらゆるシナリオを想定しつつ、最悪のリスクを覚悟して勝負です。１００枚のカードを99枚めくるまで動かないのか、それとも3枚めくったところで動くのか？　ある意味、覚悟の問題となります。

とはいえ、最後は経済理論の通りに経済は動きます。為政者がどんなに無理をしてもお金を刷りすぎればインフレが起こる。極めてシンプルな話です。ですから、我々が投資戦略を決めるにあたっては経済理論に逆らって歪みが生じているときはむしろチャンスだと思ってください。いずれは理論通りになります。日銀が真面目に金融緩和をせずにデフレを放置したら、いずれ政治問題になってこれが正される。実際に2012年に第二次安倍政権が誕生し、白川日銀の乱暴狼藉《らんぼうろうぜき》は正されました。私はそれを予想し、そのタイミングが来たら全力で株を買おうとお金を蓄えていました。

おそらくこれと同じようなことはこれから先も起こるでしょう。それがどんなイベントになるかを予想するためにも経済学の知見はとても大事です。その知見を常に頭の中に置いて、目の前で展開していく経済事象を観察してチャンスの種を探しましょう。

# 第2章
# 経済の行方を地政学で読み解く

## インフレ期待を強めるイベントばかり

第1章で説明した経済理論と地政学を踏まえて、いま世界で起こっていることを解説しましょう。結論から言うと、**いま世界で起こっていることはインフレ期待を強めるイベントばかり**です。たとえば、**2022年2月にロシアがウクライナに侵攻**しました。その結果、エネルギー価格は高騰し、原油（WTI）は一時1バレル150ドル台という史上空前の高値をつけました（P85のグラフ参照）。

また、ロシアやウクライナからの鉱物資源の輸出にも当然影響が出ます。たとえば、ウクライナは半導体製造に必要なネオン（Ne）、クリプトン（Kr）、キセノン（Xe）などの「希ガス」を供給しています。特にネオンの供給量は世界の約7割を占めていました。このため、2022年以降、これら希ガス類の価格が高騰しました。

半導体製造工程などで使用される希ガスのクリプトン（Kr）、キセノン（Xe）の需給が慢性的にタイトな状況だ。同分野向けを中心に需要が伸びる一方、供給量が追い付かず、ロシアによるウクライナ侵攻により、世界的な需給のひっ迫に拍車がかかった。日本国内でも生産量に余力がない状況で、7月には大陽日酸が2010年以来の能力増強を発表したが、製鉄向けなど大規模な酸素需要量の確保がこうした設備投資の前提となるため、根本的な需給改善に向けた動向は不透明といえる。

【引用：希ガス　世界でひっ迫、半導体向け伸長も供給は不安定『化学工業日報』（2022年9月9日）】

国際商品市況は2023年にはある程度落ち着きましたが、**2023年10月にイスラム原理主義勢力ハマスがイスラ**

WTI原油価格の推移

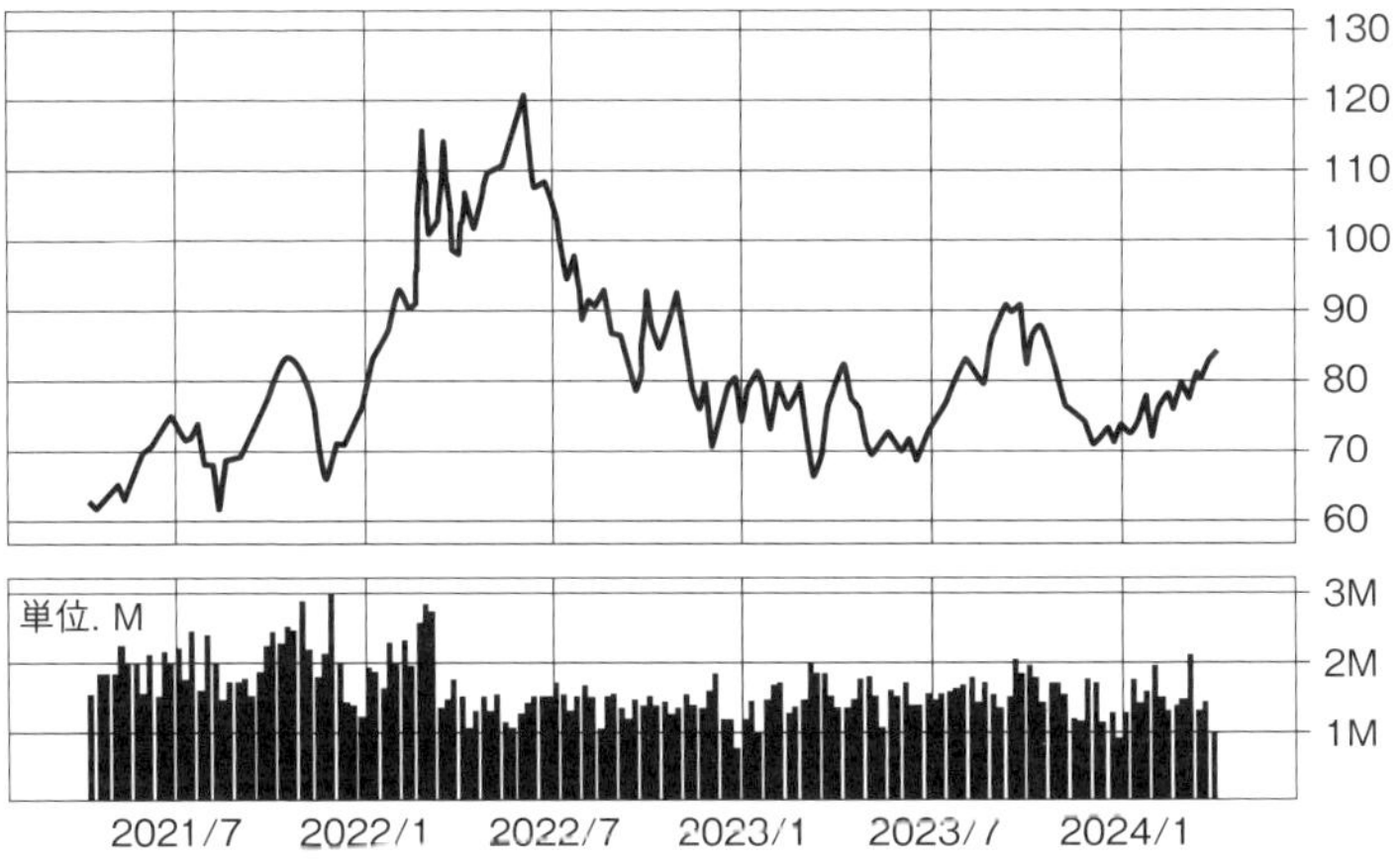


下段：━━ 出来高単位：(M株/口/枚)

【データ出所：SBI証券】

**エルに越境テロ攻撃を行ったことで再び原油価格は上昇**に転じました。ハマスのテロ攻撃に対するイスラエルの報復攻撃は自衛権の範囲を逸脱する過剰なものであり、国際社会ではジェノサイド（虐殺）だと非難されています。さらに、パレスチナにアラブの大義を見いだす原理主義勢力がイスラエルに対する攻撃姿勢を強めました。なかでも、イエメンを事実上、支配するフーシ派は紅海において船舶攻撃を開始。そのせいで、多くのコンテナ船やタンカーが紅海を通れなくなり、アフリカの喜望峰に迂回《うかい》せざるを得ない状況となっています。物流費の高騰を予感させます。

## トランプ氏が大統領に返り咲いたらどうなる？

そもそも、2020年の新型コロナウイルスのパンデミックで世界のサプライチェーンは大混乱に陥り、半導体価格が異常に高騰したのは記憶に新しいところです。どうも、2020年を境に経済のレジームが大きく転換したように思えます。

ほかにもインフレを予感させる事象は多々あります。たとえば、アメリカ大統領選がそうです。本稿執筆時点においてはトランプ氏の優勢が伝えられますが、**仮にトランプ氏が**

選挙演説において彼はこんなことを言っております。

**再び大統領に返り咲いたらなにが起こるでしょうか？**

11月の米大統領選に向け共和党の候補指名獲得を目指すトランプ前大統領は、自身が本選で勝利すれば中国からの輸入品に再び関税を課すとし、税率は60％を超える可能性があると述べた。

4日放送されたFOXニュースのインタビューで、関税を課さなければならないと発言。60％の税率を検討しているとの報道について問われ、「いや、それ以上になるかもしれない」と語った。

【引用：トランプ氏、中国製品に60％超の関税も　大統領選勝利なら『ロイター』（2024年2月5日）】

米国のトランプ前大統領は16日、11月の大統領選で再選した場合、中国の自動車メーカーがメキシコで生産した車に「100％の関税を課す」と表明した。安価な中国車が米国に流入するのを未然に防ぐ。

中西部オハイオ州の選挙演説で語った。「巨大な自動車製造工場がメキシコに建設されている。米国人は雇用せず、車を米国に売ろうとしている。それはダメだ。我々は国境を越えてくる車に100％の関税をかける」と述べた。

【引用：トランプ氏、メキシコ製中国車に「100％関税課す」『日本経済新聞』（2024年3月18日）】

**一言でいえばバリバリの保護主義です。外国の安い製品に関税をかけるわけですから、当然高くなります。** これもインフレ要因ですよね？　さらに、トランプ氏は関税で政府が儲けた分は減税で還元すると言っています。しかし、減税で還元というのはお金をバラまくことと同じですから、やはりこれもインフレ要因です。

ちなみに、トランプ氏の対抗馬であるバイデン大統領は中国製ＥＶについては経済安全保障の観点からそもそも輸入を禁止しようとしています。

米国のバイデン政権は2月29日、高い関税のために現在は米国にほとんど輸入されていない中国製の電気自動車（ＥＶ）が、米国人の機密データを収集し中国政府に送信する懸念があり、いずれ国家に重大なリスクをもたらす可能性があると発表した。

バイデン大統領は声明の中で「私は、中国のような懸念のある国から輸入された自動車が、我が国の国家安全保障を損なうことがないよう前例のない措置を発表する」と述べた。「私は、懸念される国々からのテクノロジーを使用したコネクテッドビークル（インターネットに接続可能な車両）に関する調査を実施し、リスクに対応するための行動をとるよう商務長官に指示した」と大統領は続けた。

【引用：中国製EVが「米国の機密を盗む」懸念、バイデン政権が規制検討『Forbes JAPAN』（2024年3月2日）】

## 中国への経済的圧力を強めるアメリカ

大統領選挙がどちらに転んでも中国製のEVをアメリカに輸出するのは非常に難しいのではないでしょうか。**そして、EVのみならず、ほかの製品やサービスについても安全保障上の理由からアメリカは使用を禁止する方向に動いています。**象徴的な動きは2024年3月13日にありました。

米連邦議会下院は13日、中国発の動画共有アプリ「ＴｉｋＴｏｋ（ティックトック）」の米国内の利用禁止につながる法案を本会議で可決した。中国などの「敵対国」が影響力を及ぼすアプリを規制対象にする。欧州でも規制検討が進み、ティックトック包囲網が一段と強まる。

賛成３５２、反対65という大差で下院を通過した。上院も可決し、バイデン大統領が署名すれば成立する。

ホワイトハウスのジャンピエール大統領報道官は記者会見で「国家安全保障を危険にさらすという脅威に対処するための継続的な取り組みにおいて、この一歩を歓迎する」と述べた。

中国外務省の汪文斌副報道局長は14日の記者会見で法案可決に反発した。「国家権力を行使し、関連企業を不当に弾圧しようとしている」と述べた。

法案は「外国の敵対者がコントロールするアプリから米国人を保護する法律」と称する。敵対国を中国とロシア、イラン、北朝鮮と定義した。そのうえで、ティックトックを傘下に持つ中国の字節跳動（バイトダンス）を名指しで書き込んだ。

【引用：米下院、ＴｉｋＴｏｋ規制法案可決「民主主義を弱体化」『日本経済新聞』（２０２４年３月14日）】

**さらにアメリカは「産業の米」と言われる半導体のサプライチェーンを同盟国内で構築することを望んでおり、日本やオランダに対して最先端の半導体製造装置を中国に売らないよう要請しました。**日本とオランダはこの要請に応じ、事実上の経済制裁に加わっています。アメリカが台湾との関係を重視し、バイデン大統領がたびたび「台湾を守るために米軍を派遣する」と「失言」しているのは偶然ではありません。間違いなくある意図に沿ってアメリカは動いている。その意図を知るには国際政治、とりわけ地政学の知見が重要です。

## 「サル山理論」で読み解く国際政治

そこで地政学者・奥山真司《おくやままさし》氏の提唱する「サル山理論」について解説します。その理論は極めてシンプル、「世界はサル山だ」という話です。猿山にはボスがいて、その下には若頭のようなナンバーツーがいて、さらにその下にナンバースリーがいて……。という序列があります。国際社会においても、このような序列がある。奥山氏によれば、リーダーは構造的に決まってしまっているということです。

現在ナンバーワンのボス猿のポジションにいるのはアメリカです。軍事力も経済力も世界1位です。そして、ナンバーツーはご存じの通り中国。たしかに軍事力でも経済力でも世界2位です。

さて、問題はここからです。奥山氏によれば、**「1位と2位は必ず喧嘩をするものなのです」**とのこと。

いまナンバーツーにいるのは中国です。ナンバーワンとナンバーツーの関係は、社長と副社長のような関係なのですけれど、必ず仲が悪くなる。そうすると、ナンバーワンがナンバーワンで居続けるために何をするのか。ナンバーツーを貶めたいので、ナンバースリーとつくという構造が出てきます。人間社会でも同じことが起こりますが、国際社会でも、同じような1位、2位、3位の関係がありますよねという話が、この「バランスオブパワー」という考え方です。

【引用：アメリカと中国と「ナンバースリー」の関係は〝猿山〟と同じ～世界の「バランスオブパワー」『ニッポン放送 NEWS ONLINE』（2021年8月4日）】

このサル山理論はとても単純ですが、第二次世界大戦後の国際政治の情勢を極めてシンプルに構造化する優れた理論であると言えます。第二次世界大戦後、軍事力でアメリカの次に強大だったのはソ連（いまのロシア）です。いや、軍事力そのものではアメリカが少し負けていたかもしれないぐらいソ連およびその同盟国であるワルシャワ条約機構は強大でした。これを打ち負かすために、アメリカは西側世界を結束させ、さらに中国を裏切らせてソ連に向かわせることでやっとこの戦いを終わらせることができました。ソ連が崩壊したのは1991年。実に第二次世界大戦終結から46年もの歳月が流れていました。

**ところが、ソ連がいなくなると世界のナンバーツーはなんと日本！** 当時の日本は押しも押されもせぬ経済大国で、そのGDPは世界の15％を占めていました。1989年から始まった日米構造協議はその後、日米包括協議と名前を変え、1998年頃まで続きました。忘れてしまった人も多いかと思われますが、これはハッキリいって貿易戦争でした。日本製品がアメリカで売れまくっているのに、アメリカの製品が日本で売れないのは日本の閉鎖性によるものだという難癖です。この閉鎖性なるものを打破するためにさまざまな規制緩和、非関税障壁の撤廃など無理難題を押しつけられたのがこの交渉の実態です。

## 貿易不均衡の本当の理由

しかし、アメリカで日本の製品が売れまくった理由は全く別なところにありました。アメリカとの貿易摩擦がくすぶっていた1987年にそれを見抜いていたエコノミストがいます。池田勇人《いけだはやと》首相の経済ブレーンとして高度経済成長のシナリオを描いたあの下村《しもむら》治《おさむ》氏です。

日本経済が輸出指向のように見えるのは、自動車とかVTRなどにおいてアメリカ側の需要が急激にふえてきて、それに引っ張られて日本経済が無理やりに適応して、その生産力を拡充強化した結果としてそういう状態が生まれているのです。日本人があらかじめそれをつくって、それを輸出することにより相手方に不況を輸出すると批評する人もいますが、そういうかたちで不況を輸出するような輸出の売り込みがあったわけではないのは確かです。日本の経済状態は、日本側に原因があり、それが外に向かって押し出して、輸出指向の経済成長をしているわけではありません。外側から無理に需要が殺到して、それに対する日本側の適応がうまいぐあいに行われた結果として、日本の経済は今日のような輸出指向の経済になっているだけです。どちらに問題の発端があるか、どちらが原因でどちらが結果であるかということについて、もっと冷静に、現実的に考えなければならないのではないかと思います。(中略)

日本の方に責任があるという議論は全くの誤りでして、今の現実の事態について言うと――主な部分だけを申しましたが――もっぱらアメリカに責任があると言わなければなりません。

【引用:シリーズ「社会の未来を考える」第1回〈その1〉下村治『日経研月報 2011・7』】

## 絶対に知っておきたいマクロ経済の恒等式とは?

貿易不均衡の理由は主にアメリカ側にあったのです。その理由をマクロ経済学の恒等式(ISバランス)を使ってわかりやすく説明します。まずは以下の式を丸暗記してください。

テストに出ます。

**貯蓄－投資＝財政収支＋経常収支**

左辺は国内の投資と貯蓄のバランスです。日本の場合は基本的に貯蓄超過なので左辺は基本的にプラスです。

次に、右辺をご覧ください。右辺は公的部門と民間部門の収支です。日本は基本的に財政収支赤字です。その赤字を埋めて余りある経常黒字があります。結果として右辺もプラス。右辺と左辺はイコールになるわけです。

さらにもう少し掘り下げて経常収支の黒字とはなにかを考えてみましょう。実は、経常収支が黒字になると、対外純資産の増加額はそれとほぼ同額の黒字になります。実はこれも絶対に逆らえない経済の掟なのです。その結果、次のような恒等式が成り立ちます。

**経常収支＋資本移転等収支－金融収支＋誤差脱漏《ごさだつろう》＝0**

資本移転収支というのは平たく言うと国際援助のことです。日本の場合は相対的に金額が小さいので無視しましょう。誤差脱漏とは統計上のタイムラグなどで生じる誤差です。意外と大きいです。そこで、経常収支に対して、金融収支と誤差脱漏の和が概ね同額になるかどうかを実際の統計で確かめてみます。

２０２３年10月の国際収支
経常収支　２兆５８２８億円
金融収支　１兆７６４９億円

【参考：令和５年10月中　国際収支状況（速報）の概要『財務省』（２０２３年12月８日）】

７０００億円のズレが出ました。これが誤差脱漏です。支払いが１か月先だったりとかいろんな事情で、１か月だけだとタイムラグが大きすぎてズレも大きくなります。そこで、２０２３年の上半期で見てみましょう。

経常収支12兆7064億円
金融収支12兆2088億円
【参考：令和5年度上期中 国際収支状況（速報）の概要『財務省』（2023年11月9日）】

ほら！　誤差脱漏が減ったでしょ？　もっと長い期間の推移を見ればこの恒等式が成り立っていることがわかります。P99の表をご覧ください。

つまり、経常収支黒字を減らさないと対外純資産の増加は止まらないし、それをやるためには貯蓄超過の状況が投資超過に逆転しない限り無理だということになります。

これに対して、アメリカの状況は日本とは逆さまです。貯蓄過小で、投資は過剰。まず左辺が大きなマイナスです。

**貯蓄－投資＝財政収支＋経常収支**

さらに、右辺の経常収支も財政収支は赤字で大きなマイナス。ちゃんと理論通り左辺と

## 国際収支の推移

（単位：億円）

| | 2006年度 | 2007年度 | 2008年度 | 2009年度 | 2010年度 | 2011年度 | 2012年度 | 2013年度 | 2014年度 | 2015年度 | 2016年度 | 2017年度 | 2018年度 | 2019年度 | 2020年度 | 2021年度 | 2022年度(P) |
|---|---|---|---|---|---|---|---|---|---|---|---|---|---|---|---|---|---|
| 貿易・サービス収支 | 81,860 | 90,902 | -8,878 | 48,437 | 55,176 | -50,306 | -92,753 | -144,785 | -94,116 | -10,141 | 44,084 | 40,397 | -6,514 | -13,548 | 2,571 | -64,202 | -233,367 |
| （対前年度増差） | (7,788) | (9,042) | (-99,779) | (57,315) | (6,739) | (-105,483) | (-42,447) | (-52,032) | (50,669) | (83,975) | (54,226) | (-3,687) | (-46,911) | (-7,034) | (16,119) | (-66,773) | (-169,165) |
| 貿易収支 | 121,176 | 136,862 | 26,683 | 80,250 | 80,332 | -22,097 | -52,474 | -110,455 | -66,389 | 2,999 | 57,863 | 45,338 | 5,658 | 3,753 | 37,853 | -15,432 | -180,602 |
| （対前年度増差） | (10,499) | (15,686) | (-110,179) | (53,567) | (82) | (-102,428) | (-30,377) | (-57,982) | (44,067) | (69,388) | (54,864) | (-12,524) | (-39,680) | (-1,905) | (34,100) | (-53,285) | (-165,170) |
| 輸出 | 740,012 | 812,627 | 679,452 | 559,068 | 649,175 | 628,438 | 622,026 | 697,326 | 756,403 | 731,761 | 708,026 | 782,801 | 802,487 | 746,694 | 683,635 | 856,373 | 996,207 |
| （対前年度増差） | (84,064) | (72,615) | (-133,175) | (-120,384) | (90,107) | (-20,737) | (-6,413) | (75,301) | (59,076) | (-24,642) | (-23,736) | (74,775) | (19,686) | (-55,793) | (-63,059) | (172,738) | (139,834) |
| 輸入 | 618,836 | 675,765 | 652,769 | 478,818 | 568,843 | 650,535 | 674,499 | 807,782 | 822,792 | 728,762 | 650,163 | 737,463 | 796,829 | 742,941 | 645,782 | 871,805 | 1,176,809 |
| （対前年度増差） | (73,565) | (56,929) | (-22,996) | (-173,951) | (90,025) | (81,692) | (23,964) | (133,283) | (15,010) | (-94,029) | (-78,599) | (87,300) | (59,366) | (-53,888) | (-97,159) | (226,022) | (305,004) |
| サービス収支 | -39,317 | -45,960 | -35,561 | -31,812 | -25,155 | -28,210 | -40,280 | -34,330 | -27,728 | -13,140 | -13,779 | -4,941 | -12,172 | -17,302 | -35,282 | -48,770 | -52,765 |
| 第一次所得収支 | 149,811 | 165,476 | 129,053 | 129,868 | 139,260 | 143,085 | 144,825 | 183,191 | 200,488 | 213,195 | 193,732 | 205,331 | 217,704 | 215,078 | 194,709 | 290,083 | 355,591 |
| （対前年度増差） | (20,822) | (15,665) | (-36,422) | (815) | (9,391) | (3,825) | (1,740) | (38,366) | (17,297) | (12,707) | (-19,463) | (11,599) | (12,373) | (-2,626) | (-20,368) | (95,374) | (65,508) |
| 第二次所得収支 | -12,806 | -13,002 | -13,290 | -10,755 | -11,749 | -10,927 | -9,577 | -14,477 | -19,341 | -20,097 | -21,044 | -21,733 | -17,352 | -14,817 | -27,821 | -24,360 | -29,968 |
| → 経常収支 | 218,865 | 243,376 | 106,885 | 167,551 | 182,687 | 81,852 | 42,495 | 23,929 | 87,031 | 182,957 | 216,771 | 223,995 | 193,837 | 186,712 | 169,459 | 201,522 | 92,256 |
| （対前年度増差） | (24,737) | (24,511) | (-136,490) | (60,665) | (15,136) | (-100,835) | (-39,357) | (-18,566) | (63,102) | (95,926) | (33,815) | (7,224) | (-30,158) | (-7,125) | (-17,253) | (32,063) | (-109,265) |
| 資本移転等収支 | -5,086 | -3,856 | -4,940 | -4,886 | -4,804 | 2,561 | -3,710 | -5,838 | -2,707 | -7,009 | -2,486 | -3,055 | -1,649 | -4,604 | -2,091 | -3,707 | -1,724 |
| 直接投資 | 78,693 | 64,399 | 81,901 | 56,538 | 65,283 | 97,889 | 96,583 | 148,269 | 133,913 | 162,054 | 177,614 | 147,206 | 207,537 | 190,228 | 89,967 | 177,074 | 183,316 |
| 証券投資 | -151,887 | 59,414 | 250,716 | 131,307 | 63,573 | -61,046 | -135,154 | -209,590 | 51,089 | 300,342 | 51,733 | 69,071 | 69,431 | 223,190 | -153,297 | -140,496 | -86,365 |
| 金融派生商品 | -3,455 | -11,739 | -19,580 | -8,040 | -6,701 | -14,062 | 34,760 | 31,768 | 46,509 | -5,492 | 7,552 | 18,600 | 1,297 | -3,346 | 27,263 | 6,914 | 37,910 |
| その他投資 | 230,369 | 102,307 | -169,349 | -35,198 | 34,222 | -50,640 | 42,464 | -27,168 | -92,303 | -220,147 | 7,363 | -49,412 | -95,514 | -226,275 | 156,411 | 85,283 | 17,721 |
| 外貨準備 | 39,452 | 40,839 | 24,758 | 23,992 | 52,035 | 114,939 | -23,934 | 46,891 | 2,920 | 6,075 | 5,703 | 22,709 | 33,461 | 20,772 | 12,805 | 62,012 | -64,870 |
| → 金融収支 | 193,171 | 255,221 | 168,446 | 168,599 | 208,412 | 87,080 | 14,719 | -9,830 | 142,128 | 242,833 | 249,964 | 208,173 | 216,213 | 204,568 | 133,150 | 180,787 | 87,713 |
| → 誤差脱漏 | -20,608 | 15,701 | 66,500 | 5,934 | 30,529 | 2,668 | -24,066 | -27,921 | 57,804 | 66,885 | 35,679 | -12,767 | 24,024 | 22,460 | -34,218 | -17,027 | -2,820 |

（備考）1　Pは速報値。
2　四捨五入のため、合計に合わないことがある。
3　金融収支のプラス（＋）は純資産の増加、マイナス（－）は純資産の減少を示す。

（財務省国際局為替市場課）

【データ出所：財務省国際局為替市場課】

右辺がマイナスで等しくなっています。もし、この状態を抜け出したいなら、貯蓄を増やして投資を抑えること。そうすることによって経常収支はプラス転換するでしょう。さらに緊縮財政を行って財政赤字を減らすべきです。

でも、そんなことをしたらアメリカの景気は大幅に減速し、失業者が大量に発生すると思いませんか？　実は、日米の貿易戦争を通じてアメリカが日本に要求してきたことは見当違いもいいところ。まさに無いものねだりだったのです。**しかし、こんな経済学の理論からかけ離れたトンデモかつ理不尽な要求をアメリカがしてきたことには理由がありました。その理由とは、サル山理論！　別に日本が憎いわけじゃない。ナンバーツーが憎い。それだけの話だったのです。**

## アメリカの標的が日本から中国へ

だからこそ、日本経済が不良債権問題で低迷し、1997年から1998年にかけて金融危機が起こって、その後さらに本格的なデフレに陥ると、いつの間にかアメリカからの理不尽な圧力は止んでしまいました。「ジャパンバッシング」から「ジャパンパッシング」

へ、などとマスコミは揶揄《やゆ》していましたが、それは少しピントがずれていたと言わざるを得ません。アメリカの理不尽な対日圧力が止んだ理由は、日本経済がナンバーツーから陥落することが確実な情勢となったからです。

**それを証拠に、中国が日本のGDPを逆転した2010年以降、アメリカのターゲットは中国にロックオンされます。**それまで「パンダハガー」と呼ばれていたアメリカの親中派のキーパーソンたちが続々と中国を裏切り始めたのです。

なかでも、パンダハガー中のパンダハガーだったマイケル・ピルズベリー氏の裏切りは鮮烈でした。彼は親中派（あるいは媚中派《びちゅうは》）として対中宥和政策を長年推進してきたことで知られています。中国を援助し経済成長させればいずれ民主化の道をたどると信じ、中国の実力を過小評価し、共産党の中のタカ派は弱体化しているなどと主張していた人です。**そのピルズベリー氏が2014年頃から突如、考えを改め、「経済成長すれば中国が民主主義になるというのは幻想だ」と言い始めました。**2015年の『プレジデントオンライン』のインタビューでピルズベリー氏は次のように述べております。

——ニクソン政権下での国交回復以来、アメリカは約30年にわたり中国に騙され続けてきたという『China 2049　秘密裏に遂行される「世界覇権１００年戦略」』の記述は非常に衝撃的だ。

最大の理由は、対中諜報活動に失敗して、中国という国を見誤ってしまったことだ。朝鮮戦争では、アメリカに敵対した中国だが、１９７２年のニクソン訪中を機に「遅れている中国を助けてやれば、やがて民主的で平和的な大国になる。決して、世界支配を目論むような野望を持つことはない」とアメリカの対中政策決定者に信じ込ませてしまった。しかし、彼らの本当の戦略はまったく違い、中華人民共和国建国から１００年に当たる２０４９年に世界に君臨する「覇」を目指している。それを私は「１００年マラソン」と名づけた。

つまり、私自身を含めてアメリカは、相手を過小評価してしまったのだ。それまで蓄積されてきた反米感情を正しく把握できなかったというしかない。中国とソビエト連邦の関係が、53年のスターリン死後に悪化し、60年代に入ると国境付近で緊張感が高まっていた。そうした状況から、中国はアメリカ寄りだと思っていたところに間違いがあった。

【引用：マイケル・ピルズベリー「中国は２０４９年の覇権国家を目指す」は本当か？『プレジデ

ントオンライン』（２０１５年11月25日）】

## ボス猿が「中華民族の偉大なる復興」を見過ごすわけがない

アメリカが中国を過小評価している間に、中国は高度経済成長を成し遂げ、軍事費も右肩上がりで伸びていきました。そして、気がついたら局地的には中国軍のほうが優勢かもしれないといった状況になっていた！　それもそのはず、中国の軍事費は２０２２年までの30年間で39倍になっていたのです（Ｐ１０４のグラフ参照）。その金額は日本の６倍以上。これはアメリカも侮れません。『讀賣新聞オンライン』は２０２２年９月30日付の記事で次のように報じています。

日本の防衛白書によると、中国は国防予算を１９９２年度から30年間で約39倍に増やし、軍事力を大幅に強化している。世界一の軍事力を誇る米国に迫る勢いで、日中が国交を正常化した50年前とは、日米中３か国の安全保障のパワーバランスも劇的に変化した。日本政府は防衛力を抜本的に強化し、日米の抑止力と対処力を向上させる方針だ。

各国の国防費を正確に比較することは難しいが、防衛省が、公表された主要国の国防費を購買力平価を用いてドル換算で比較している。それによると、日本の防衛費は98年度頃、中国の国防費とほぼ同規模だったが、その差は年々拡大し、２０２２年度は中国が日本の６倍以上となり、米国の約半分に迫っている。

【引用：中国国防予算、30年間で39倍…日本の6倍以上・米に迫る勢い『讀賣新聞オンライン』（２０２２年9月30日）】


ここでサル山理論を思い出してください。ボス猿は常にナンバーツーを攻撃します。日本のように覇権を狙っていなくても、ナンバーツーになれば自動的かつ理不尽に攻撃されます。しかし、中国の場合は、ただでさえナ

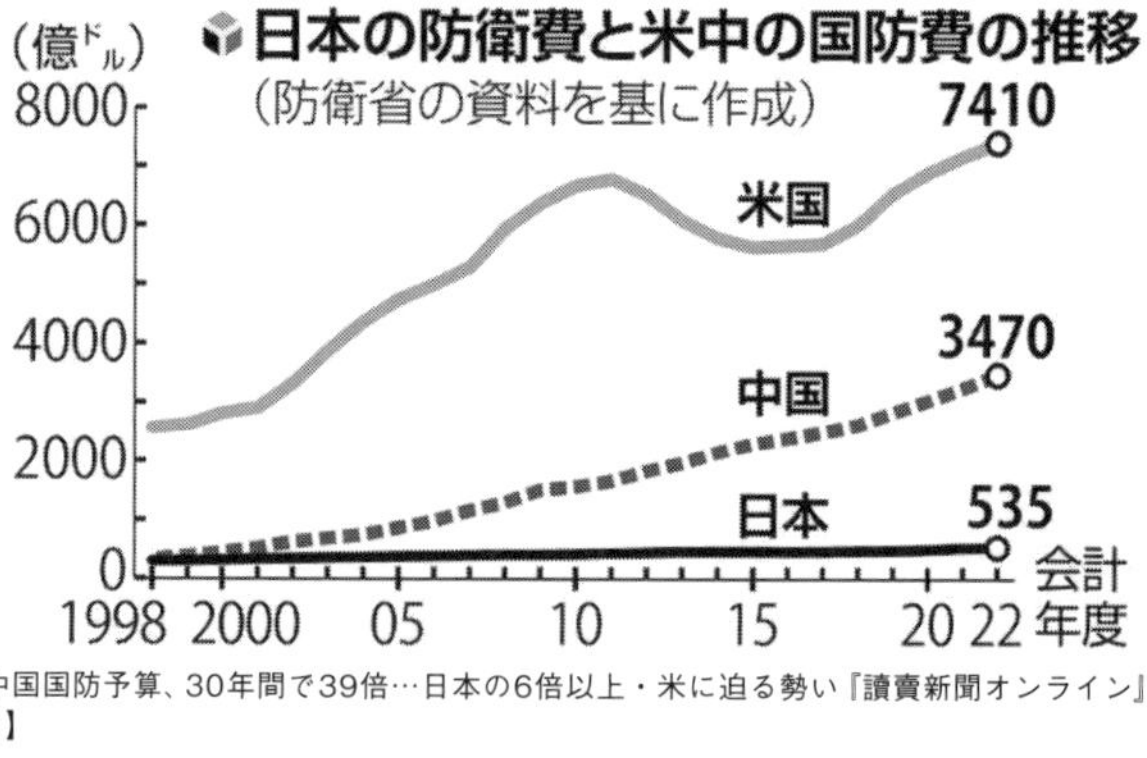

【引用：中国国防予算、30年間で39倍…日本の6倍以上・米に迫る勢い『讀賣新聞オンライン』（2022年9月30日）】

ンバーツーのポジションにいるのに、アメリカの覇権に挑戦しこれを打ち負かそうとしました。**100年に及ぶ西欧支配の屈辱に復讐すべく、中華人民共和国建国100年に当たる2049年に世界の覇権を米国から奪う。これこそが習近平の提唱する「中華民族の偉大なる復興」の本質であり、そのために100年マラソンを着々と走っていたわけです。気づくのが遅すぎたとはいえ、ボス猿としてはこんなもの絶対に看過できませんよね？**

いまアメリカが中国に対して各種の制裁を科し、経済のデカップリング、デリスキングと言われるようなサプライチェーンの再構築に熱心な理由がこれでおわかりいただけたと思います。典型的なサル山理論。ボス猿にこれほどわかりやすく挑戦するナンバーツーはなかなかいません。

## 中国は2つの大きな問題を抱えている

**ちなみに、わかりやすいのでサル山理論という名称で統一してきましたが、覇権国に対してナンバーツーが挑戦するというこの構図は「トゥキディデスの罠」**として知られています。

トゥキディデスとは古代ギリシアの歴史家です。彼は、当時海上交易で栄えた経済大国アテナイという覇権国に、陸上における軍事的覇権を握っていたナンバーツーのスパルタが戦いを挑んだと書き残しています。いわゆる「ペロポネソス戦争」です。実はこれに至る過程で、アテナイとスパルタは何度か不戦条約など衝突回避の試みを行いました。しかし、結局戦争は避けられませんでした。その戦いは30年近くにわたる大戦争となり、ギリシアの都市国家自体の衰亡を招きました。この故事からアメリカ合衆国の政治学者グレアム・アリソンがつくった造語が「トゥキディデスの罠」です。

**「トゥキディデスの罠」のポイントはボス猿がナンバーツーを攻撃することではありません。むしろナンバーツーが少し落ち目になったところで、焦って戦争を仕掛けてくるというのがポイントなのです。**

バイデン政権の外交政策にも大きな影響を与えていると言われる、若手の歴史学者ハル・ブランズ氏はその著作『デンジャー・ゾーン：迫る中国との衝突』（飛鳥新社）の中で、「中国はピークアウトしたときが最も攻撃的になりうる」と論じました。また、２０２３年7月に『東洋経済オンライン』のインタビューに答えて次のように述べています。

――著書の中で「ピーク・チャイナ」という概念を提唱し、中国の国力はすでにピークに達しているとしています。中国の国力が衰退しているとみる理由は何でしょうか。

中国は今、2つの大きな問題を抱えている。1つは経済の停滞で、長年にわたって急成長を遂げることができたメリットの多くが、今やデメリットに変わってしまった。中国の労働力は縮小へと向かい、人口の維持は大きな危機に直面している。耕地や使用可能な水などの主要資源の不足も深刻化している。さらに政治体制は閉鎖的で全体主義的なものになりつつあり、成長に必要な創造性を阻害している。

国外に目を転じれば、中国はもはや1990年代や2000年代の状況とは違って、自身の台頭を歓迎するパートナーを持っていない。これらを総合すれば、中国は2000年代や2010年代のような成長率、あるいはそれに近い成長率を維持するのに苦労し、アメリカを抜いて世界最大の経済大国になるのは難しいということがいえる。

同時に2点目として、中国は「戦略的包囲網」に直面している。地域内外のますます多くの国々が、中国の主張を押し返す方法を模索している。日米同盟を見てもそうだし、アメリカ・イギリス・オーストラリアの安全保障パートナーシップ「AUKUS（オーカス）」

や中国による他国への経済的強要に対抗するためのG7のプログラムを見てもそうだ。つまり中国が容易に経済成長を果たし、国際的な影響力を及ぼしていた時期は過ぎ去っている。

問題は、このような事態に陥った場合、国家はより攻撃的になり、今のうちに利益を確保しようとすることだ。加えて中国は、この2020年代の後半に、軍事的に非常に魅力的な機会を得ることになる。中国は現在の軍事形態で競争を繰り広げ、西太平洋で有利なパワーバランスを持つことが予想される。

【引用：衰退に向かう中国が「台湾有事」を引き起こす必然『東洋経済オンライン』（2023年7月5日）】

## 習近平《しゅうきんぺい》の極めて不都合な真実

ハッキリ言っていまの中国にはいろいろな意味でピークアウトの兆候が見て取れます。

**たとえば、人口は公称14億人ということになっていますが、実はこれが真っ赤な嘘ではないかという指摘があります。**２０２３年４月12日付の『ニューズウィーク日本版』の記事には、中国の人口は実際のところ10億人程度しかないのではないかと報じております。

（中国の）人口統計に関しては明らかに意図的な改ざんがあったとされている。

1980年頃に始まる「一人っ子政策」の実行部隊として国民から嫌われた組織「国家衛生計画生育委員会（計生委）」の内部では腐敗が蔓延し、共産党幹部が違法出産を見逃す代わりに私腹を肥やしていた。（中略）

中国は昨年6月、ハッカー集団の攻撃による史上最悪のデータ流出事件に見舞われた。盗まれた個人を特定できる10億人分のデータセットはダークウェブで販売され、研究者らが購入して分析。すると、その数値は中国の実際の人口動態プロファイルと酷似していたという。

通常、統計処理に当たって総人口の70％（総数14億に対して10億）のサンプルを使うことはあり得ない。このことから、流出したデータセットに全国民の個人識別情報が含まれていた可能性が高いと言える。

【引用：「14億人市場」は嘘？　中国人口「本当は10億人」説の衝撃とその理由【注目ニュースを動画で解説『ニューズウィーク日本版』（2023年4月12日）】

中国は無尽蔵の安い労働力によって世界の工場になったという設定でしたが、それは設定であって事実ではない。肝心の労働力は無尽蔵ではなかった。むしろ、それが急激に減っている。人口統計が改ざんされていることはおそらく習近平《しゅうきんぺい》を含む一部の幹部にだけは共有されていることでしょう。ピークアウトを一番自覚しているのは習近平自身かもしれません。

さらに、**人口減少とともに深刻なのが高齢化です。**中国の高齢化率（65歳以上の人口比率）は１９９０年代から２０００年までは６％台で推移していました。ところが、２００１年にはこれが「高齢化社会」の基準とされる７％を超える７・１％にまで上昇します。さらに、２０２２年の時点でこれが14％に達しました。２０２３年に65歳以上の人口は2億２０００万人となり、高齢化比率は15％を超えました。

国連の「World Population Prospects ２０２２」（中位推計）によると、（中国は）今後、２０３４年には超高齢社会（人口に占める高齢者の割合が21％以上）に、２０８５年には高齢者の割合が42・２％と最大に達し、２１００年には40・９％になると推計されている。

## 図表3　平均寿命の延び

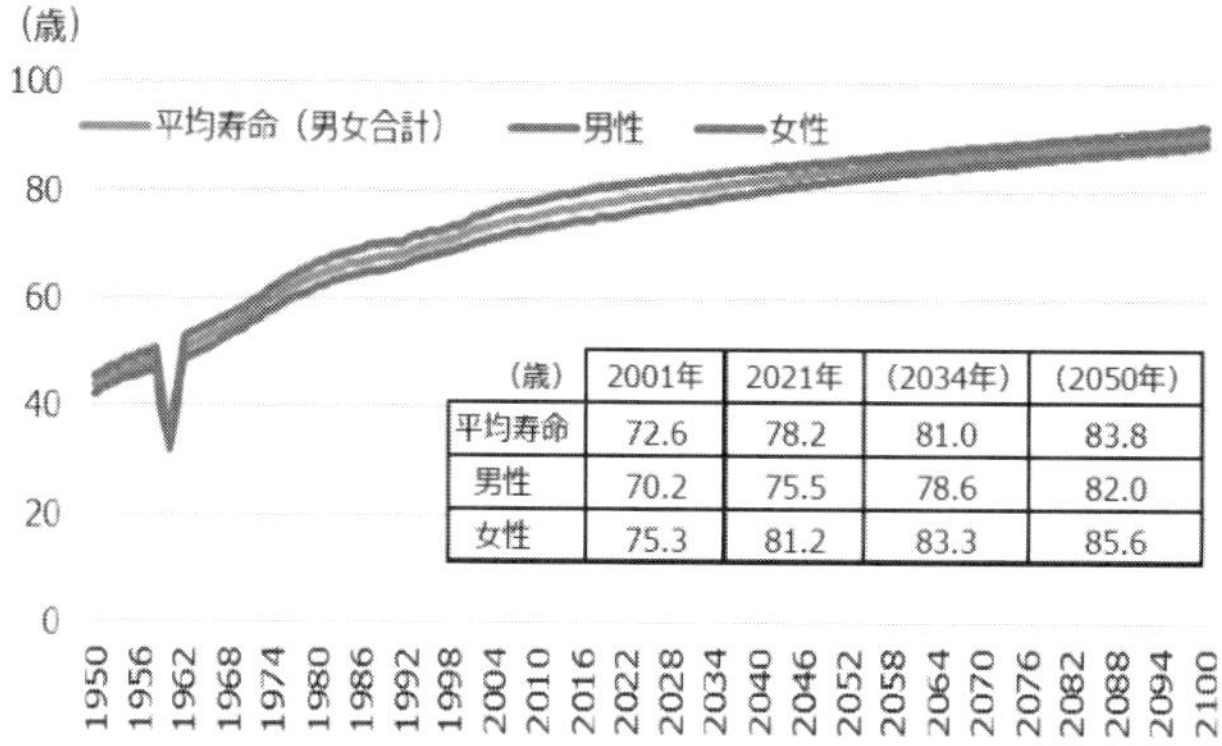


| (歳) | 2001年 | 2021年 | (2034年) | (2050年) |
|---|---|---|---|---|
| 平均寿命 | 72.6 | 78.2 | 81.0 | 83.8 |
| 男性 | 70.2 | 75.5 | 78.6 | 82.0 |
| 女性 | 75.3 | 81.2 | 83.3 | 85.6 |

【引用：中国、「多死社会」の足音　ニッセイ期初研究所　片山 ゆき（2023年7月18日）】

## 図表4　平均余命(65歳時)の延び

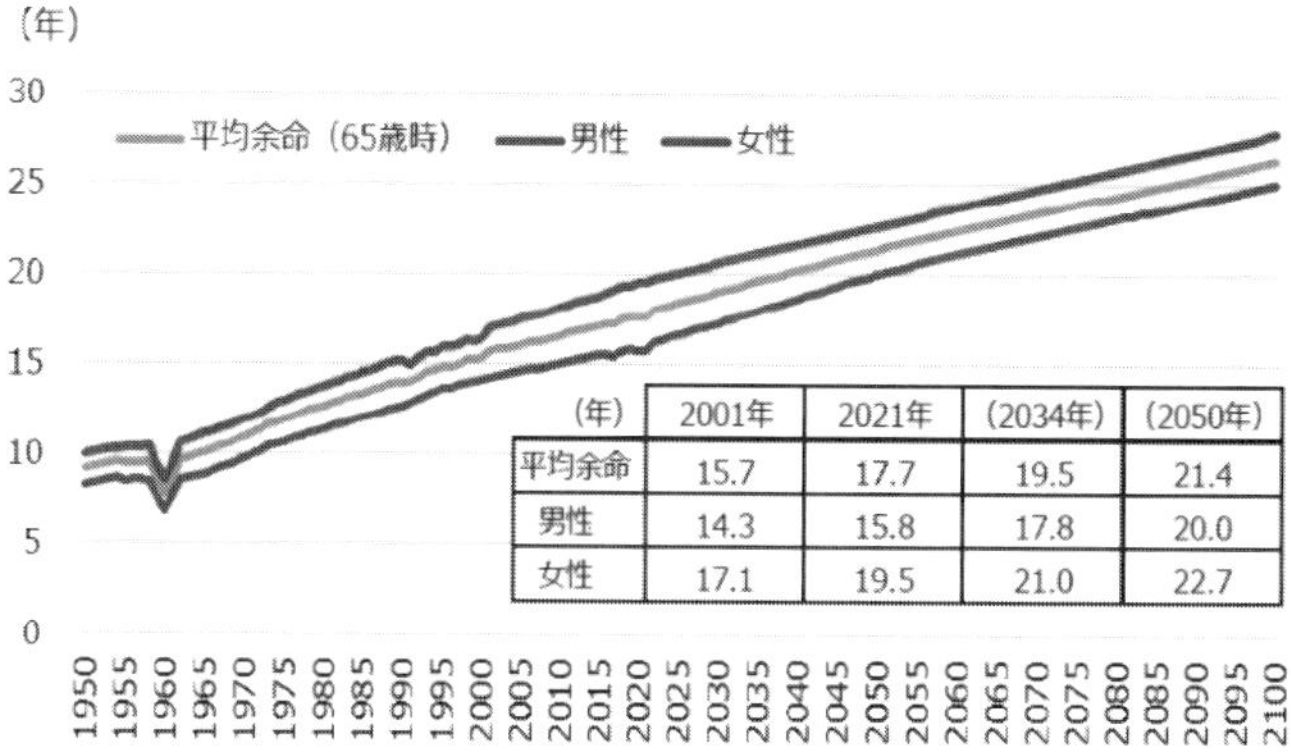


| (年) | 2001年 | 2021年 | (2034年) | (2050年) |
|---|---|---|---|---|
| 平均余命 | 15.7 | 17.7 | 19.5 | 21.4 |
| 男性 | 14.3 | 15.8 | 17.8 | 20.0 |
| 女性 | 17.1 | 19.5 | 21.0 | 22.7 |

（注）2022年以降は推計。（出所）図表3、4ともUN World Population Prospects 2022より作成。

【引用：中国、「多死社会」の足音　ニッセイ期初研究所　片山 ゆき（2023年7月18日）】

高齢者数は２０５０年代の後半には最大４・３億人に達する。加えて、平均寿命・平均余命が延び続け、長寿化も進行することになる（図表３・図表４）。

その一方で、人口の多くを占める高齢者が寿命に達することで総人口は急速に減少し続け、２１００年時点で７・７億人と２０２１年のピーク時のおよそ半分にまで減少すると見込まれている。これは総人口が１３３年前の１９６７年とほぼ同規模まで縮小することを意味している。しかし、高齢化率は２１００年が40・９％、１９６７年が３・６％である点からも、国や社会のあり様は大きく異なることになる。

【引用：中国、「多死社会」の足音　ニッセイ期初研究所　片山　ゆき（２０２３年７月18日）】

高齢化比率だけで比較するなら２０２３年の日本の高齢化率は29・１％で、過去最高を更新しています。しかし、その規模が全く違います。**２０２３年９月現在、日本の65歳人口は３６２３万人であるのに対し、中国は前述の通り２億２０００万人。現時点で日本の約６倍の高齢者がすでに存在していることになります。**そして、この傾向は向こう80年ぐらい変わりません。むしろ高齢化比率は40％まで進み、人口は公称の14億人からは半減する。習近平にとっては極めて不都合な現実ではないでしょうか。

## 中国がピークアウトを克服したいのなら日本に学ぶべし

とはいえ、人口が減ることは悪いことばかりでもないと思いますよ。なぜなら、GDPの規模がずっと横ばいで、人口が半減するなら、一人当たりのGDPは2倍増しになるということだからです。人々が感じる豊かさはむしろ一人当たりのGDPによるところが大きいので、それほど高い成長率を維持しなくても人口減少によって「取り分」が多くなれば人々は豊かになれるはずです。

日本は世界で最も高齢化が進んだ社会でありながら、生産年齢人口一人当たりの実質GDPの伸び率は先進国の中でかなり上位に位置しています。この点について、『ブルームバーグ』に大変わかりやすい解説記事がありましたので引用します。

長期停滞の典型と皆に見なされてきた国が、平均寿命や一人当たりの国内総生産（GDP）の伸びでいつの間にか主要7カ国（G7）をリードするようになり、最高経営責任者（CEO）や世界の投資家を苦しめてきたデフレに数十年ぶりに終止符を打った。

（中略）

総務省の資料によると、今年1月1日時点の外国人を含む総人口は約1億2541万人と前年比で51万人余り減少。平均寿命は84歳を超え、240カ国中4位だ。それでも、世界3位の経済大国である日本の一人当たりGDPの伸びは、2013年から22年の間に現地通貨ベースで最も大きかった。

ブルームバーグがまとめたデータによると、日本では同期間に人口が2%減少する一方で一人当たりGDPは62%増の472万円（約3万2000ドル）となった。米国の16%増（人口6%増）、カナダの45%増（同12%増）、英国の48%増（同5%増）、ドイツの32%増（同5%増）、フランスの33%増（同3%増）、イタリアの30%増（同1%減）を優に上回った。

【引用：【コラム】長期停滞を克服した日本、G7諸国の羨望の的に変身－Mウィンクラー『ブルームバーグ』（2023年9月25日）】

また、ノーベル経済学賞を受賞した経済学者であるポール・クルーグマン氏は『ニューズウィーク日本版』のインタビューに答えて次のように述べています。

日本は1991年以降、「失われた」数十年を送ったが、その間も労働年齢人口の1人当たり実質GDPはアメリカとほぼ同じペースで推移し、45％の成長を遂げた。深刻な高齢化に直面し、人口が2008年をピークに減少に転じた先進経済にとっては容易なことではない。

日本の事例で評価すべきなのは、2014年以降は若い世代も含めた労働者のほぼ完全雇用を維持しながら、この成長を達成したことだ。世界最大の債務国でありながら財政が比較的安定し、デモや暴動などの社会不安がほとんどないことも注目に値する。

【引用：日本は不況の前例ではなく「経済成長の手本」。中国が「日本と違う」これだけの理由『ニューズウィーク日本版』（2023年9月27日）】

**つまり、日本は失敗例ではなく成功例だということです。世界で類を見ない少子高齢化に直面しつつも、それを克服し、ほかの先進国を凌駕する経済成長を成し遂げていると。さらに、これをさしたる社会不安なしに達成したというのがまさに奇跡。**もし、中国がピークアウトを克服したいのなら日本に学ぶべきではないでしょうか。

## 中国経済に日本のような奇跡が訪れないワケ

そういえば、「中国は日本のバブル崩壊過程を研究して、それを回避する秘策を編み出した」という都市伝説が語られていました。あれはいったいなんだったのでしょう？　バブルの崩壊過程は日本にそっくりですが、不良債権処理が決定的に遅れており傷はもっと深いかもしれない。**不良債権の山が片付かない限り中国経済に日本のような奇跡は訪れることはないでしょう。**なぜ私がそう断言できるのか？

その理由はシンプルです。日本の不動産バブル崩壊過程において、不動産価格は平均でマイナス75％、つまり最高値の4分の1まで調整したと言われます（ちなみに、東京圏では8分の1、大阪圏では9分の1まで調整したと言われています）。これに対して現在の中国の不動産価格は下がったとはいえ調整幅は1割程度です。バブル崩壊という割にはまだまだ調整が足りません。なぜ、調整が進まないのか？　その理由は土地の売買制限や補助金など暗黙の価格維持策があるからです。これをやり続ければ不動産バブルは日本のような意味では崩壊しないかもしれません。たしかに、取引量を大幅に制限して、事実上の不動産固定レートみたいなものを導入すれば、名目上の価格は維持できるでしょう。もちろん、そんなことすれば、売りたい人が売りたいときに売れないという不自由と抱き合わせになりますが……。

中国のような権威主義国家は短期的な数字の帳尻合わせのために、こういう理不尽な政策をよくやります。新型コロナウイルスのパンデミックのときに、徹底したPCR検査と隔離政策を進めましたよね？　いわゆるゼロコロナ政策です。2020年の感染初期において、この政策はコロナの封じ込めに大変効果がありました。中国は民主主義の国と違って、人権を無視して強権発動できるので感染症の封じ込めには強いとまで言われました。テレビのコメンテーターはこぞって「検査して隔離しろ！」と中国のゼロコロナ政策を礼賛していました。その筆頭はテレビ朝日の玉川徹《たまかわとおる》氏でしたね。よく覚えておきましょう。

しかし、ゼロコロナ政策は短期的には大きな成果を出したように見えましたが、長期的には維持不可能な政策でした。欧米や日本がワクチンの接種によって、根本的に問題を解決したのに比べて、ゼロコロナ政策は明らかに劣っていました。実際に、2023年3月にゼロコロナ政策が解除されると、中国国内に新型コロナウイルス感染が拡大し火葬場に行列ができるような大量死を引き起こします。隔離によって免疫力が弱っていたのかもしれません。いずれにしても、欧米や日本がボトルネックを見極めてそこに資源を集中投入したのに対して、中国は目先の数字にこだわって維持不可能な政策を実行してしまいました。そして、権威主義国家の政策は一事が万事こんな感じです。

## 中国経済は「中所得国の罠」を突破できない

話を不良債権問題に戻しましょう。不動産取引を制限し、売らせないことで価格を維持したところで、中国経済にはじわじわと毒が回ります。その毒とは大きく分けて5つあります。現代中国研究家で、中国において長らくビジネスに携わっていた津上俊哉《つがみとしや》氏の言葉を引用します。

〈中国経済5つの毒〉

①不動産バブルの「毒」は分かりやすい。不合理に高額の住宅ローンを組まされた結果、金利も含めた返済で家計が圧迫され、消費が減るのだ。いま未曾有《みぞう》の不況にあえぐ不動産業者らの借り入れによる負債額と金利コストも当然膨らむ。

②企業の過剰投資の「毒」は、借金で投資を始めたものの収益を生まず、利払いばかりかさんでいる状態から生まれる。たとえて言えば、働きの悪い従業員に高給を払っているようなもので、そんな社員が増えれば、会社の経営は悪化する。

③国全体を見ても、効果の乏しい投資を大量に行って借金を膨らませ、元利償還の負担が増大すれば、経済成長の低下は避けられない。莫大な資金が無駄な投資に使われて経済の効率が落ちる結果、経済成長が低下することだ。

④不合理な富の移転を生むこと。中国の企業、政府、家計が暦年重ねてきた不効率投資のために中国経済に発生している無駄なコストは年間3・8兆元、GDPの3・1%に相当。中国最大の税目である増値税（日本の消費税に相当する付加価値税）の年間税収6兆元、公的年金支給総額5兆元。

⑤この結果、最も懸念されるのは、中国が中所得国の罠に落ちることだ。経済成長を維

持したければ、生産性の高いセクターの再生産を促し、生産性が低く傷付いたセクターはつらくてもリストラ、ダウンサイズしなければならない。中国の場合、生産性が高いのは民営企業だから、これをいかに伸ばすかが成長維持の要ということになる。しかし、いま起きていることはこれとは真逆な富の不当な移転だ。こんな仕組みを維持し続ければ、中国の経済成長が停滞していくことは避けられない。

【引用：中国経済は「日本化」しているのか？―いま話題の「バランスシート不況」論から読み解く『nippon.com』（２０２３年9月14日）】

平たく言えば、**中国経済の非効率は特権階級の利権の源**です。いまの中国の政治構造、経済の仕組みを変えない限り、特権階級の利権は温存され結果として格差がどんどん広がります。この格差の広がりこそが大問題なのです。**経済学の知見に従うなら、貧富の差を調整できない国は「中所得国の罠」を突破することができません。**

「中所得国の罠」とは、開発途上国が経済成長により一人当たりＧＤＰが中程度（年収で約1万ドル）の水準に達したあと、経済の成長パターンを転換できず、経済成長率が低下し長期にわたって低迷することです。中国経済には改革が必要であり、その改革とは自由化です。ところが、経済的な自由を拡大することは、ほぼほぼイコール政治的な自由を拡大することを意味します。さらに、経済の自由化は消費者が主役の経済へのシフトを生みます。社会主義的な計画経済とは逆方向に向かわなければいけません。

## なぜ中国共産党は不良債権処理に及び腰なのか？

現在、中国共産党は政治的にも経済的にも巨大な権力を握っていますが、経済の白由とはその巨大権力を民衆に明け渡すことを意味します。そんなこと認めるわけがないですよね？　中国は共産党が永久に統治する。そう思っているに違いない。だとすると、中国における経済の自由化は全く期待できません。中国経済は中所得国の罠にハマって今後、長期停滞に陥る可能性が高いです。それはつまり、ハル・ブランズが指摘する「チャイナピーク論」にピタリと一致しています。だからこそ、非常に危ない。まさに「デンジャー・ゾーン」。

とはいえ、これはあくまでも政治的な理由です。経済的な面からも中国の不良債権処理が進まず、経済の自由化が難しい理由について考察してみたいと思います。

不良債権を積極的に処理せず、住宅価格も大して調整しないということは、表面上は緊急事態が起こっていないという設定です。そのため、家を買った人は住宅ローンを払い続けなければなりません。しかし、よく考えてください。そのローンの残高は住宅バブルのピークでつけた価格に対するローン残高です。トンデモない高値摑みの金額ですよね。まして、住宅バブルは崩壊しているので物件を転売してもローンは返せません。下手すると借金だけが残ります。当然、人々は将来の見通しに不安を抱きます。

そういうとき、人はなにをするでしょう? 日本でもそうでしたよね? そういう状況に陥ったら、多くの人は消費を切り詰めて、借金返済を優先します。

しかし、みんながこれをやってしまうと、当然消費は低迷します。結果として景気が悪くなる。景気が悪いと将来に対する不安もさらに膨らんで、人々はますます消費を切り詰めて借金の返済や貯蓄に走る。まさに悪循環!

実はこれが1990年代の日本で起こったことです。いわゆる「バランスシート不況」と呼ばれる現象です。**中国の庶民は貯金の代わりに住宅を買って、バブル期はその含み益で遊んでいました。ところが、含み益が含み損に転じると経済が逆回転し始めます。含み損が消えない限り、消費の切り詰めは終わらず、景気は低迷したまま。**

とはいえ、不良債権処理をすることは、借金の担保になっている不動産の価値がないことを認めることでもあります。それは、銀行にとって貸した金が返ってこないリスクを公認することでもあります。不良債権処理とは、こういったリスクを正しく査定し、破綻先、破綻懸念先、健全先といった分類をすることから始まります。こうすることで銀行はお金を貸してみたけど返ってこない金額を推計できるわけです。その推計が完了したら、もう返ってくる見込みがない債権は債権回収業者に売り飛ばし、特別損失を計上してバランスシート（貸借対照表）から除外します。その結果、バランスシートに大穴が開いたら、最後は政府に救ってもらう。いわゆる公的資金注入というやつです。日本はバブル崩壊から12年かけてこれをやり遂げました。中国にそれができますか？　大きなリスクですよね？

なぜなら、不良債権を処理して競売にかけたら、モノによっては二束三文になってしまうわけです。たとえば、額面金額の100分の1とかはザラです。それでも銀行は政府に補填してもらえるからいいとして、一般庶民はどうでしょう？　貯金のつもりで買った不動産が二束三文だったら怒りの矛先はどこに向くのか。もう答えはおわかりですよね？

ここで私の経験をお話しします。1998年、29歳にしてマイホームを買った私は4000万円もの住宅ローンを組みました。買ったお家の値段は土地代込みで5000

万円。ところが、サラリーマンをやめて起業することに伴いこの家を売ることになりました。2002年に無事売れましたけど、売れた値段は3750万円。差し引き1250万円の「減損」を食らいました。怒りのやり場に困りましたよ。選挙では民主党に入れたかもしれませんね（笑）。

私の場合は家を売ったのでこの損失が現実化しましたけど、売らなかった人だって同じ目に遭っていたわけです。バブルの崩壊過程で、高値摑みしたマイホームの住宅ローンを支払うために生活を切り詰めて返済していたわけですから結局同じです。

不良債権処理は全員の借金を帳消しにする徳政令とは違います。厳格な査定に基づいて、法的に整理するわけです。絶対に巻き込み事故が発生します。そして、被害者は国民全員です。なぜなら、借金の肩代わりをするのは一義的には政府ですが、その政府は国民の税金によって支えられているからです。要は国民全員で負担しているのと同じ。**しかも、ポイントは借金をして家を買った人ほど負担が重いという点です。**私は若い頃に期せずしてその重みを実感するイベントを経験してしまいました。

中国共産党が不良債権処理に及び腰な理由はまさにこれです。ある日突然、貯金の代わりだと思っていた不動産の価値がなくなったら中国人民はどう思うでしょう？　日本のように民主主義の国なら政権交代というかたちで与党にお灸を据えてストレス解消することができます。ところが、中国には選挙がない。**共産党は常に正しいことをやっているという「設定」になっています。こうなると人々は暴力によってしかそのストレスを解消することができません。**

## 中国経済の長期停滞で起こりうる危険

不動産バブルが目に見えて崩壊した２０２２年以降、実際に中国国内では抗議デモが増加しております。２０２４年2月20日付の『ブルームバーグ』の記事によれば、その実態は以下のようになります。

中国では昨年後半に抗議デモが増加し、景気回復を図る当局者にとって新たな悩みの種となっていたことが、最新の報告書で明らかになった。

米人権団体フリーダムハウスの「中国反体制モニター」プロジェクトによると、２０２３年10－12月(第４四半期)に記録された「抗議デモ」は９５２件前後と、四半期ベースで昨年最多となった。

22年半ばにデータ収集を開始した同プロジェクトによると、このうち約61%は雇用問題に関連したもので、17%は住宅問題絡みだという。また、省別では製造業が盛んな広東省が約18%と最多だった。

【引用：中国で抗議デモが増加、雇用や不動産問題が影響―米人権団体報告書『Bloomberg』（2024年2月20日）】


**中国経済の長期停滞によって、国内に反政府的な機運が高まれば、人々の怒りを外にそらすために台湾やフィリピン、場合によっては日本に対して敵対的な行動をエスカレートさせる危険性は十分にあるでしょう。**実際に、2012年に日本政

## 2023年 中国で起きた抗議デモの件数

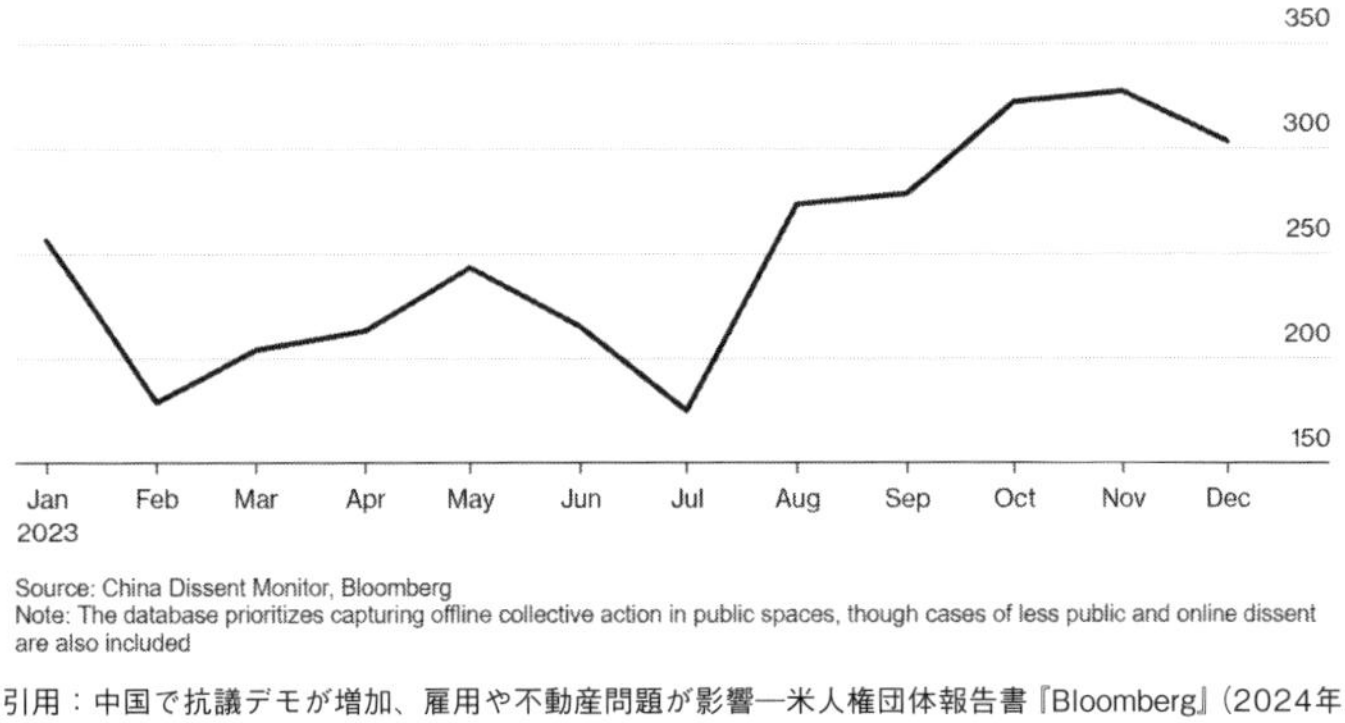

Source: China Dissent Monitor, Bloomberg
Note: The database prioritizes capturing offline collective action in public spaces, though cases of less public and online dissent are also included

【引用：中国で抗議デモが増加、雇用や不動産問題が影響―米人権団体報告書『Bloomberg』（2024年2月20日）】

府が尖閣諸島の国有化を発表したことをきっかけとして大規模な反日デモが起こっています。国内のガス抜きのために、こういったデモを使う。選挙のない独裁政権の国において、こういったことは平常運転です。我々とは考え方が全く違う点を忘れてはいけません。

現在、敵対的行動をされる危険性が高いのはフィリピンと台湾です。特に最近の南沙諸《なんさしょ》島《とう》におけるフィリピン海上警察に対する嫌がらせは度を越しています。

フィリピン政府は5日、南シナ海のスプラトリー（中国名・南沙）諸島のアユンギン（同・仁愛）礁に向かっていた補給船に中国海警局の艦船が放水し、乗組員4人が軽傷を負ったと発表した。補給活動を巡って負傷者が出たのは異例。南シナ海では中国による比側への妨害が激化しており、緊張が続いている。

放水があったのは5日朝。比側の発表によると、補給船は2隻で航行しており、うち1隻が放水を受けた。また、補給船の警備に当たっていた沿岸警備隊の巡視船が中国艦船と衝突し、船体が損傷した。

【引用：フィリピン船に中国船が放水　4人軽傷、南シナ海『産経新聞』（2024年3月5日）】

中国は「九段線」という国際法上なんの意味も持たない謎の線を地図上に引き、その内側はすべて自国の領土・領海だと主張しています。そして、そのような身勝手な「設定」に基づいて、サンゴ礁を埋め立ててそこに軍事基地をつくったり、海上警察によるパトロールを偽装した侵略行為、既成事実化を日々行ったりしているわけです。

## フィリピン、台湾、日本、韓国に敵対する中国

日本の尖閣諸島や台湾の金門島《きんもんとう》、馬祖《ばそ》島《とう》に海上警察が押し寄せてくる理由はま

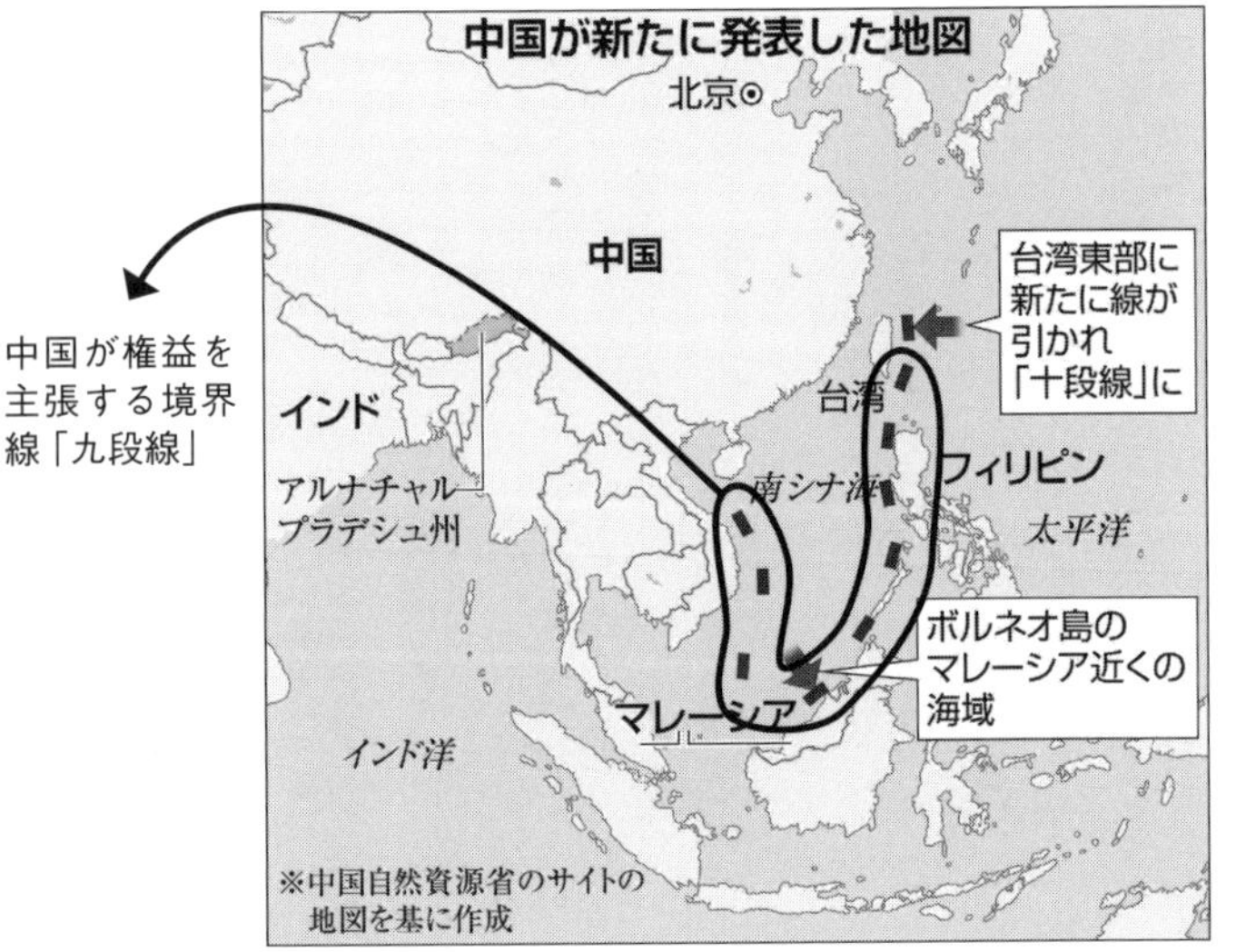


【引用：フィリピン船に中国船が放水　4人軽傷、南シナ海『産経新聞』（2024年3月5日）掲載の図を基に作成】

さにそれです。常に相手を試し反応を見る。反応が弱ければここまではOKとばかりに、領海侵犯行為、既成事実化を図々しく常態化させていくわけです。このようなやり方を「サラミスライス戦略」といいます。そして、これも立派な戦争行為です。

さらに中国は南シナ海、東シナ海だけでは飽き足らず黄海にもちょっかいを出してきました。韓国の最西端の島、白翎島《ペンニョンド》に対して、2020年頃から尖閣や南沙諸島でやっているようなサラミスライス行為が実施されました。実は2013年に中国はこの海域で「海洋作戦地域（AO）」の境界線を設定し、それから黄海での活動を活発化させています。2016年にはこの海域で操業していた中国の漁船が警戒活動をしていた韓国の沿岸警備隊の巡視船に突っ込んで沈没させる事案も発生しました。

韓国が実効支配している白翎島は黄海上の島ですが、渤海《ぼっかい》から見ると出口に位置します。もともとは韓国軍が北朝鮮を監視するための拠点です。ところが、最近中国の漁船が大量に押し寄せるようになりました。そして、2020年の12月には人民解放軍の軍艦が近くを通過したのです。そして、その後も活動を活発化させています。2016年にはこの海域で中国の漁船が韓国沿岸警備隊の巡視船に突っ込んで、しかも沈没させるという事件も起こっています。

黄海で違法操業する中国漁船とこれを取り締まる韓国当局とのぶつかり合いは激しさを増す一方だ。漁船の船員が韓国当局の隊員を傷つけかねない暴力で抵抗するのに対し、韓国当局は射撃も辞さない構えで対応している。死亡事故も起きている。

今月7日に仁川市・小青島周辺の海上で、中国漁船が取り締まりに当たっていた韓国警備当局の高速警備艇に体当たりして沈没させる事件が発生した。警備艇に乗っていた隊員は救助され大きなけがはなかったが、殺人未遂ともいえる意図的な攻撃だった。

【引用：中国漁船と韓国取り締まり船の衝突エスカレート　死亡事故も『聯合ニュース』（2016年10月10日）】

**フィリピン、台湾、日本に続き韓国まで。中国はこれら四正面で敵対的な行動を取り続けているわけです。**火種はそこら中に転がっていて、いまこの瞬間にもなにかのキッカケで燃料が投下されるかわからない状況だと言えるのではないでしょうか。

## 中国が「ウザ絡み」をし続ける可能性

とはいえ、中国にとって南シナ海、東シナ海は日本以上に大事なシーレーンです。この海域で戦争が起これば物流は滞り、中国経済は壊滅的な打撃を受ける可能性があります。2019年5月時点の中国の輸送機関別分担率は、海上輸送が62・8%、航空輸送が18・9%を占め、これら2つで全体の8割を超えています。鉄道はたったの1・1%しかありません。海上輸送が途絶えたら10億人の人口は飢え死にするかもしれません。まさかこんなバカなことはしないだろう……と思ったら、甘いです!

たとえば、2022年のロシアによるウクライナ侵略を思い出してください。あのとき、プーチンはウクライナが3日で落とせると勘違いして戦争を起こしました。ロシアは自軍を過大評価し、ウクライナ軍を過小評価した。それは大きな勘違い、誤解だったにもかかわらず、独裁者であるプーチンがそう思い込んだらそれが答えなのです。そして、中国もロシアと少しも変わらない権威主義国家です。習近平がプーチンのような誤解、曲解をすれば極めて愚かな戦争を始まる可能性があると考えるべきです。

さらに、質《たち》の悪いことに彼らは自分の失敗を認めることができません。ロシア軍は30万人以上の死傷者を出し、戦車は3000両以上を失い、黒海艦隊はほぼ全滅した状態であるにもかかわらず未だに戦争を続けています。2024年2月以降のゴリ押しの大攻勢では、毎日1000人以上の死傷者を出しているとのこと。しかし、ここまでやっても未だロシアに勝てる見込みはなく、戦線は膠着《こうちゃく》しています。『ロイター』は次のように報じています。

ウクライナ紛争で、ロシア軍の死傷者がこれまでに31万5000人に達した。機密解除された米情報機関の報告書の情報を関係筋が明らかにした。ロシアがウクライナ侵攻に踏み切った2022年2月時点のロシア軍事要員は36万人規模で、そのほぼ87％に相当するとみられる。

【引用：ロシア軍の死傷者31・5万人、ウクライナ紛争で＝関係筋『ロイター』（2023年12月13日）】

**もし、中国が無謀にも台湾侵攻やフィリピンに対する侵略戦争を行った場合もこのようなかたちで「ウザ絡み」が続く可能性について考える必要があります。**そして、海からの物資搬入を止められたら、中国は一気にロシアに接近してしまうかもしれません。極めて愚かな判断をするのが「独裁者あるある」です。「中国の工業力とロシアの資源でアメリカに勝てる！」とイキり倒してその気になってしまったりするかもしれません。そして、実際にそうすることで数十年単位のウザ絡みを繰り広げることはできなくもない。

## 米ロ関係で成り立っている「恐怖の均衡」

実を言うと人類は一度それを経験しているのです。若い人は知らないかもしれませんが、かつて世界は西と東に分断されていました。西側は日米欧を中心とする自由主義世界、東側はロシア（ソ連）および東欧諸国に中国、北朝鮮、ベトナム、キューバなどの社会主義世界。この分断された2つの世界が大量の核兵器を持って対峙《たいじ》したのがいわゆる「冷戦」です。一歩間違えばいつ人類が滅んでもおかしくない状況の中で、私は生まれ育ちました。毎日、核戦争の恐怖におびえていたかというとそうでもありませんが……。

しかし、私が子供の頃、1999年に人類が滅亡するというノストラダムスの大予言が大流行したのは偶然ではないでしょう。東西冷戦が最悪の結末を迎えたら本当に人類滅亡だったわけですから。

そして、いま私たちの目の前に再び戦争の世紀が戻ってきました。1991年、ソ連崩壊で冷戦は終わったはずなのに、人類は約30年の時を経てまた振り出しに戻ってしまった。非常に残念ですが、この現実を受け入れることが大事です。そして、この戦争は簡単には終わらない。

最近、注目されている経済安保もこの文脈で考えるとわかりやすいと思います。冷戦はなぜ冷戦かと言うと、「熱戦（ホットウォー）」ができないからです。核武装した大国同士が熱戦をしたら、それはすなわち全面核戦争を意味します。そんなことをしたらそれこそノストラダムスの大予言。双方が壊滅的な打撃を被って人類滅亡です。

戦争は相手をやっつけるだけでなく、自分が生き残らなければ意味がありません。そのため、相手が自分を滅ぼす能力を持つ限り、こちらも相手を攻撃できない。この状態を「相互確証破壊」と呼びます。

冷戦時代、アメリカとソ連（ロシア）は相手から大規模な核攻撃を受けても、反撃して相手国を確実に破壊できるだけの核戦力を持っていました。具体的には原子力潜水艦に核ミサイルを搭載し、深い海のどこかに常に沈めておくわけです。これを一隻でも撃ち漏らしたら、その反撃によって自国も全滅してしまう。結果として、アメリカとソ連（ロシア）は互いに報復を恐れ先制核攻撃に踏み切れなくなりました。いわゆる「恐怖の均衡」です。

実はこの恐怖の均衡は現在の米露関係でも成り立っています。ロシアとウクライナの戦争がお互いにレッドラインを探りながらある程度の節度を持って繰り広げられている理由がまさにそれです。ロシアとしてはウクライナに対する武器援助を断ちたいはずで、本当ならポーランドの補給ルートを叩きたいでしょう。しかし、もしそれをやってしまうとNATO軍の全面参戦を誘発しかねないので、それは抑制する。

逆にウクライナは武器援助をもらう代わりに、援助国の意向に従いその武器の使用範囲などを細かく決められています。さらに、ロシアが民間人や民間インフラに対して悪逆非道な攻撃を仕掛けてくるのに対して、あくまでも国際法で許された範囲の自衛権の行使に留めています。これらは援助してくれる国々に対するウクライナの配慮です。

このように一番強度の高い戦争である全面核戦争を回避するため、ロシアのような非道な国ですら一定のラインで攻撃を抑制しているわけです。しかし、残念ながらウクライナはNATOにも加盟しておらず、2014年のクリミア侵攻で弱さを晒してしまったためにロシアにナメられてしまいました。相手をナメているとき、権威主義国家はより強度の高い戦争を仕掛けてきます。ウクライナはそのせいで通常兵器による全面戦争という2番目に高い強度の戦争を戦うことになってしまったわけです。

## 中国はすでに戦争を仕掛けてきている

**そういう意味で言うと、南沙諸島、金門島、尖閣諸島に押し寄せる中国の海上警察も実は強度の低い戦争をしているということに気づいたでしょうか？**　中国が日本を相手に戦争をすれば、日米安保条約が発動しアメリカが自動参戦します。そうなると最悪の場合は核戦争を覚悟せねばなりません。核戦争を避けるためには、そもそも通常兵器による全面戦争は避けるべき。では局地戦ならいいのかというと、これも全面戦争へのエスカレーションの危険がある。**そこで、軍隊を使わないかたちで現状を変更する方法はないのかと知恵を絞った結果、出てきたのがこの海上警察を使った戦法です。**中国は国内法で勝手に他国の領土を自国認定し、そこで行政行為を始めるわけです。手始めに警察によるパトロールということで、海上警察がやってきます。そして、実弾発射以外のありとあらゆる乱暴狼藉をして暴れまわるわけです。海上警察で手が足らないときは1000隻近い漁民に偽装した海上民兵が押し寄せたりもします。警察や漁民を軍隊によって実力排除したら全力で被害者ぶって国際社会にアピールするわけです。まさにウザ絡み。しかし、核戦争を避けつつ、他国を侵略して現状を変えたいと思ったらこれは案外いい方法と言えるでしょう。

これが同じ権威主義国家でもイランの場合は、さらに複雑です。イランは国家ならざる武装勢力を養って事実上の同盟を組み、そいつらに戦争させるという荒っぽいやり方をしています。コッズ部隊という海外での謀略専門の部隊が、レバノンのヒズボラ、イエメンのフーシ派、ガザのハマスなどを訓練し、武器を与えて手駒にしているのです。ハマスによるイスラエル攻撃に端を発したガザ紛争が、フーシ派の紅海封鎖といった事態を引き起こしているのはこの影の連携によるものと言ってもいいでしょう。そのせいで、貨物船もタンカーもアフリカの喜望峰回りのコースを選ばざるを得ず、物流費は高騰。世界中が大迷惑しているわけです。

## 世界の分断で強まるインフレ圧力

さて、ここまでの話をまとめておきましょう。現在、ウクライナと中東で戦争（ホットウォー）が進行中です。そして、東アジアでは中国がいつ台湾やフィリピンと戦争（ホットウォー）を始めてもおかしくない状態。その全体的な構図は、日米欧などを中心とした自由主義陣営の同盟と、それに対抗する権威主義国家の枢軸の冷戦（コールドウォー）です。

しかも、それは戦場が陸海空とは限らない。それは海上警察による小競り合いなのかもしれないし、敵国を混乱させる偽情報や誤情報の拡散かもしれないし、サイバー攻撃かもしれない。現在、経済安保が注目されている理由はまさにここです。陸海空で砲弾やミサイルを撃ち合うだけが戦争ではありません。サイバー空間や私たちの認知領域においてもすでに戦争は始まっています。強度の低い戦争がダラダラと何十年も続く、そんな嫌な予感しかない。

このような状況下で世界の分断は不可避。おそらく、かつての冷戦のように世界は2つに分断されるでしょう。**世界の分断によって、モノの入手はこれまでよりずっと難しくなります。当然、それは世界全体にとって大きなインフレ圧力となるでしょう。**そして、冷戦が終わるまで、つまりどちらかの陣営が降参するか滅びるまでこの状態は続きます。このような世界において、私たちはどのようにして自分の資産を守っていったらいいのか？その点については章を改めて詳しく述べたいと思います。

# 第3章
# プロを打ち負かす最強の投資術

## 投資をしなければ資産は目減りするだけ

新NISAが始まってから「貯蓄から投資へ」とメディアがやたらと煽《あお》っています。しかし、具体的に「投資」といってもなにをすればいいのでしょうか？　多くの人は株を買えと簡単に言いますが、どの株を買ったらいいでしょう？　そもそも株はどこに行けば買えるのか？　そういった超初心者が疑問に思うことにすべてこの章で答えていきたいと思います。

まず、そもそもなぜ投資をしなければいけないのかという点について解説します。ここまで説明してきた通り、インフレ期待が完全に定着しました。インフレとは、お金の価値が目減りする現象です。**たとえば、年率3％のインフレの場合、１００万円の貯金は翌年97万円の価値しか持ちません。つまり、現金やタンス預金、普通預金で保存していてもお金の実質的価値は目減りしてしまうということです。**

実は、インフレというのは一種の税金みたいなものなのです。そして、この税金はリスクを取らない人に集中的にかかるという特徴を持っています。リスクとはなにか？　具体的に言うならそれは「価格変動リスク」のことです。いわゆる元本保証とは正反対。元本が保証されないどころか、刻一刻と増減しますよということ。なんか不安ですよね？

ただ、元本保証という言葉に騙されてはいけません。なぜなら、元本保証とはあくまでも名目の元本の価値を守るということであって、実質的な価値が守られるということではないからです。１００万円の現金はたしかに永遠に１００万円のままですが、１００万円で買えるものはどんどん少なくなっていく。これがインフレなのです。

たとえば、蔵の中に眠っていた「開かずの金庫」を開けるというテレビ番組があります。金庫の中から財宝が出てきたとネタになりますが、その財宝というのはたいてい金や銀や古銭です。これらは貨幣というよりも貴金属（商品、コモディティ）や骨董品としての価値を持つモノであり、その表面に刻まれた貨幣価値とは関係なく値段がついているモノです。これに対して、聖徳太子の印刷された旧一万円札は使用済みのものなら一万円以上の価値は持ちません。未使用のものだと多少プレミアムはつくそうですが、それもあくまで骨董品としての価値であって、紙幣そのものの価値ではありません。まして、現在も新券が発行され大量に流通している福沢諭吉の一万円札が一万円以上の価値を持つことは、よほどのことがない限りあり得ません。

１９９８年から14年間もデフレが続いたので、私たちはこの感覚をもうすでに忘れているかもしれませんし、その時代よりあとしか知らない若い人も多いでしょう。また、アベノミクスが始まった2013年以降もインフレ率は平均で1%程度と、いわゆるディスインフレの状態でしたので、目に見えた物価上昇は感じられなかった人が多いと思います。あたかも物価は永遠に不変であるかのように思い込んでいませんか?

しかし、そんなことはありません。ここまで説明してきた通り、2020年に経済のパラダイムは大きく転換しました。欧米では一時、インフレ率が8%から10%まで上がってしまい、まさに1970年代の石油ショックが再来しました。一方、日本でも2023年はコアコアCPIが4%を超えて上昇しています。これは100万円の実質的価値が翌年96万円になってしまうということを意味します。漫然と100万円を現金で所持したり、ほぼ0%の金利の普通預金に置いておくと、4万円損する。なんか理不尽ですよね。でもこれが現実なのです。我々がいくら騒いでも、このインフレはあと36年、おそらく2060年まで続きます。デフレとインフレは40年周期で巡っているからです。だから、いまグダグダ文句を言っても資産は目減りするだけ。文句を言う前に対策をとるべきではないでしょうか?

その対策とは、先ほども申し上げた通り、**価格変動リスクを取ること**です。**具体的に言**

**うと、元本保証ではない金融商品を買うこと。その典型的な例が株を買うこと、つまり株式投資なのです。**

## そもそも「株式」とはなんなのか？

ただ、株式投資は元本保証ではありません。毎日、市場で取引され、その値段は刻一刻と変わります。逆に、元本が伸び縮みするからこそインフレに強い。元本保証ではないことが逆に強みだと思ってください。

では、そもそも株式ってなんでしょう？　**株式とは企業の所有権です。**では企業とはなにか？　企業とは、モノをつくったり、サービスを提供したりする組織です。ここで再度確認しますが、インフレとはモノが不足してその価値が上がる経済現象ですよね？　だとしたら、それを供給している組織の価値はどうでしょう？　当然上がるんじゃないですか？　当たり前の話です。モノの価値が上がるのに合わせて企業の価値も上がっていけば、資産の目減りを防ぐことができます。そして、そうなる可能性が極めて高い。

ただ、ここでもう一つの問題が生じます。日本中に企業は山ほどある。その中でどの企業の株式を購入すればいいのか？　そもそも、将来どういう商品やサービスが売れるのか予想して、それを提供する企業の株式を先回りして買うなんてことができるのか？

ハッキリ言います。個人投資家でそれができる人はいるかもしれませんが、ごくごく限られた一部の超少数派だと思ってください。個人投資家なんて、はっきり言って素人。企業分析のために財務諸表を読みこなしたり、業界のトレンドを調査するためにインタビューしたりする能力もないし、暇もありません。だから、本業でやっている人たちには絶対に勝てない。株式市場には「頭のいい人が頭の悪い人からお金を巻き上げる」という残酷な現実があります。個人投資家が徒手空拳で参入したところで、経験豊富なプロにカモにされて終わりです。我々は逆立ちしても勝てないと思ってください。

## どの株も買ってはいけない!?

**私はよく「投資を始めたいんですが、どの株を買ったらいいですか？」と質問されることがあります。私の答えはシンプルです。どの株も買ってはいけません。**

あれ？　なんかおかしくないですか？　ついさっきまで私はインフレに勝つためには価

格変動リスクを取れと言っていましたよね。そして、価格変動リスクを取るというのは、具体的には株式を買うことだと断言していたじゃないですか！　なんか矛盾していませんか？

いいえ、矛盾していないんです。

私は個別の企業の株式（個別銘柄）を買うなと言っているだけで、株そのものを買うなとは言っていません。どういう意味か？　**個別銘柄を買うんじゃなくて、できれば株式すべてを買いなさいという意味です。**

そんなことができるのか？　東京証券取引所に上場している銘柄数は約２２００もあって、これを全部買うとしたらどれだけ資金が必要かと普通なら思うことでしょう。しかし、これが意外と安い！　たった２万円ほどで約２２００銘柄を買うことができるんです！

これがいま流行りの**「インデックス投資」**というやつです。それを説明する前に**「TOPIX」**と**「日経平均株価」**という２つの指数（インデックス）について説明します。

東京証券取引所に上場されている銘柄の加重平均を指数化したのが**「東証株価指数（TOPIX＝Tokyo Stock Price Index）」**です。ＴＯＰＩＸは東京証券取引所に上場しているすべての国内普通株を対象としています。そのため、市場全体の動きを反映する広範な指標として使用されております。日本の株式の価値そのものを表しているといっても過言ではありません。

東京証券取引所には、TOPIXのほかに日経平均株価（日経225）という株価指数もあります。むしろこちらのほうが有名かもしれませんね。しかし、日経平均株価（日経平均）は**上場企業の中から日本経済新聞社が選んだ225社の株価の単純平均（算術平均）**です。加重平均ではないため、大型株の値動きに大きく左右されるという歪みがあります。どちらかというと大企業指数といったほうがいいかもしれません。TOPIXとは異なる視点から市場を分析することができますが、TOPIXはよりは偏りが出やすい点には注意が必要です。

## 「ETF」ならばプロの投資家と同じスタートラインに立てる

現在、東京証券取引所にはTOPIXや日経平均に連動した**「ETF（上場投資信託）」**が取引されており、また各種証券会社ではこれらの指数に連動した投資信託も販売されています。連動というのはたとえばＴＯＰＩＸが１％値上がりしたら、ＥＴＦの基準価格が１％値上がりするということです。逆にＴＯＰＩＸが１％値下がりすれば、ＥＴＦの基準価格も１％下がります。**これって事実上、指数そのものを株式のように買っているのと変わりません。東京証券取引所に上場している全銘柄なわけですから、いわば「日本株式会社」の株だということです。ここまで規模が大きくなると、プロでもすべての情報をカバーすることはできません。結果としてなにも知らない素人投資家と同じスタートラインに立ちます。**

## 「ドルコスト平均法」で価格変動リスクを平準化

また、ある企業が不祥事等で株価を下げても、不祥事がなかったライバル企業の株価が上がるため、その分が相殺されて指数にはあまり影響がないなんてこともあります。

２０２４年3月に小林製薬が紅麹《べにこうじ》サプリによる健康被害を起こしました。3月26日に株価は暴落しましたが、ライバル会社である花王とライオンの値動きはＰ１５０のグラフのようになっています。

小林製薬が暴落したにもかかわらず、ライバル2社は株価を維持し、花王に至っては4月に入ってから値を上げています。このように指数の持つ平均の効果でリスクを分散することができるというのがインデックス投資の大きな利点です。

では具体的にどのような商品を買ったらいいでしょう。一例を挙げます。TOPIXに連動した投資信託の中で最も時価総額の大きいのは**「三菱UFJ―eMAXIS　Slim　国内株式（TOPIX）」（eMAXIS）**です。時価総額が大きいということは要するにみんなこれを買っているということになります。

気になるこの投資信託の値段ですが、2024年4月8日現在、基準価格2万734円となっています。意外と安くないですか？　たった2万

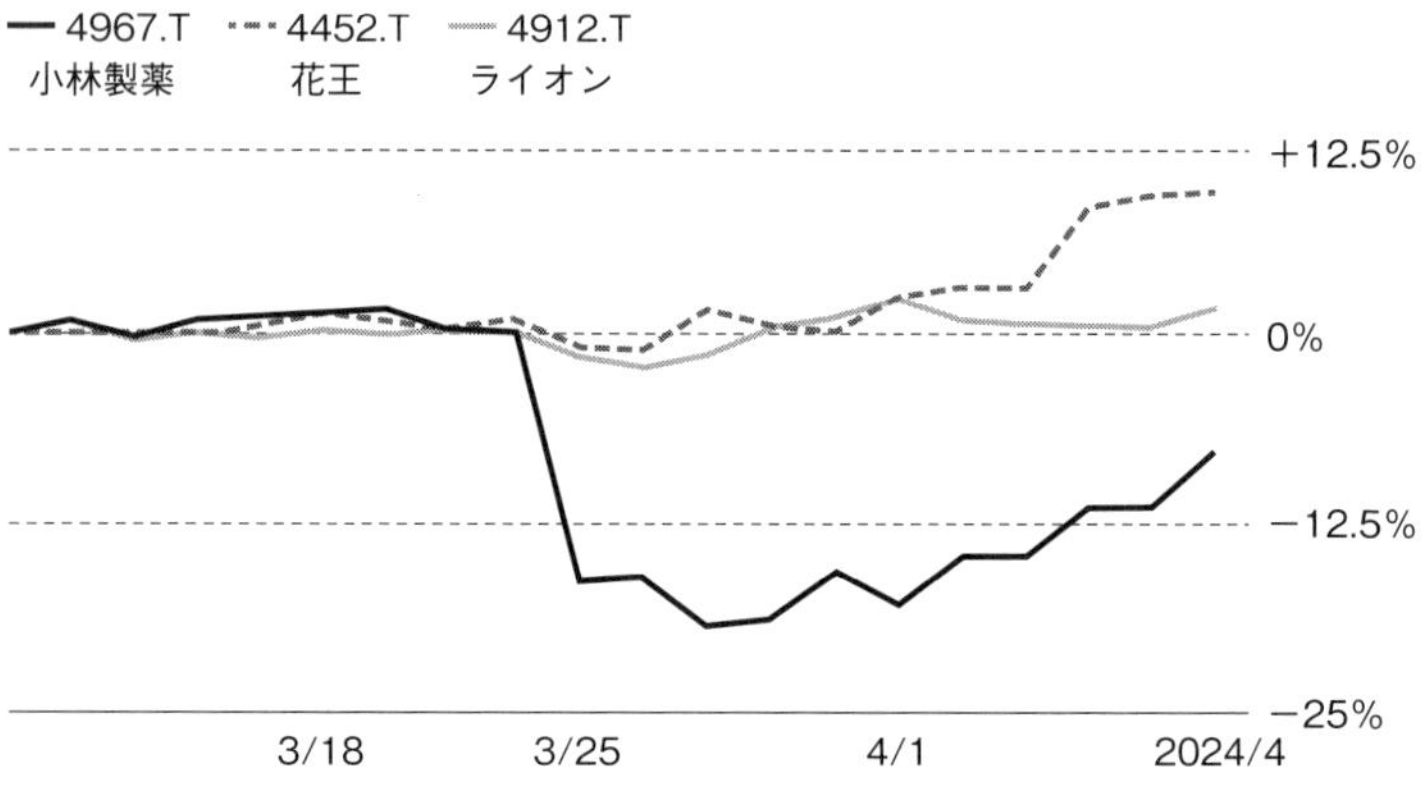

【データ出所：Yahoo!ファイナンス】

円程度で約2200銘柄をすべて買っているのと同じ状態なんですから。

## 「いつ」「いくら」買えばよいのか？

そして、次に買うタイミングです。実はこれが一番のポイント。多くの人は安いときに買って高いときに売ろうとしますが、それは絶対にやめてください。なぜなら、株価の天井がどこで、底がどこなのか誰にもわからないからです。ではどうすればいいか？　簡単です。毎月、買えばいいんです。

**たとえば、毎月10日をインデックスファンドの購入日と決めます。そしてその日に同じ金額を投入して同じ銘柄を買い続ける。この買い方を「ドルコスト平均法」といいます。こうすることで刻々と変化する価格変動リスクを時間で平準化することが可能になるわけです。**どうせ予想しても当たらないわけですから、ずーっと買い続ければいいと開き直りましょう。問題はいつから買い始めるかということ。この買い方なら高いときに始めても、安いときに始めても結果は変わりません。というか、唯一のポイントは早く始めること。

一つ決定的なエビデンスを示しておきましょう。龍谷大学教授の竹中正治《たけなかまさはる》先生は実際の株価のデータを使って、インデックス投資（ドルコスト平均法）のバックテストをしました。その結果は以下の通りです。

Ｐ１５４の図表は日本の家計の金融資産・負債総額の１９９０年からの推移である。金融資産総額は１９９０年度末の約１０１７兆円から、２０２１年12月末の２０２３兆円に増えているが、現金・預金比率が金融資産全体の50～55％を一貫して占めている。リスク性資産としての株式と投資信託などの比率は１９９０年度の20・3％がピークで、その後はおおむね10～15％の範囲だが、２００８年度末の９・２％をボトムに最近は15％前後に上がってきている。これは期待を抱かせる変化だが、買い増しによるリスク性資産の増加よりも株価上昇の影響の方が大きいだろう。また負債総額は３００兆円から４００兆円の間で推移しており、あまり大きな変化はない。

本稿の推計の想定は次の通り。まず20年前の２００１年度末（２００２年3月末）の日本家計の現金・預金が金融資産に占める比率が、現実の54％ではなく20％ポイント低い34％とし、逆に株式＋投資信託の比率は現実の８・７％（実額１２２・９兆円）ではなく、28・７％（実額４０６・８兆円、実績比２８３・９兆円）だったと想定しよう。これは米国家計ほどリスク性資産（株式＋投資信託比率51％）には傾斜してはいないが、現在のユーロ圏諸国の平均（現金・預金比率34・3％、株式＋投資信託比率27・8％）に近い比率である。

また2001年度末（2002年3月末）から2021年12月末までの現金・預金の増加額は326・3兆円であるが、このうち半分（163・1兆円）が株式＋投資信託に月次の定額積立投資で投資に回されたと想定しよう。現金・預金の年率利回りはゼロ％、株式＋投資信託の年率利回りは7・17％と想定する。

この7・17％という利回りは架空の想定ではなく、同期間に米国株価指数S＆P500と日本株価指数TOPIXに連動する投資信託に各50％投資した場合の円ベースの実際の年率利回りである（配当再投資ベース、運用手数料・税引き前）。

この結果、2001年度の初期投資283・9兆円は2021年12月には時価で1114・6兆円（a）、また約20年間にわたって定額積立された累計163・1兆円は554兆円（b）になる。投資額に対する実額増分はなんと1221・6兆円にもなる。すなわち、もし想定した資産構成であったならば、2021年12月末の日本の家計金融資産は今ある2023兆円ではなく、3245兆円になったことを意味する。これは

２００１年度末の金融資産総額の２・29倍だ。
【引用：貯蓄好き日本の家計が被った機会損失、過去20年間で１２２２兆円という現実『ダイヤモンドオンライン』（２０２２年９月６日）】

なんと！　デフレの真っただ中の２００１年から貯金の半分をインデックス投資に回していたら20年で資産が２・29倍になっていた!!　この間の物価上昇率はほぼ０％だったわけですからこれは驚異的な利回りと言えるでしょう。

しかも、これはアメリカやイギリスの株価指数でやっても結果は同じ。前掲記事

日本の家計金融資産

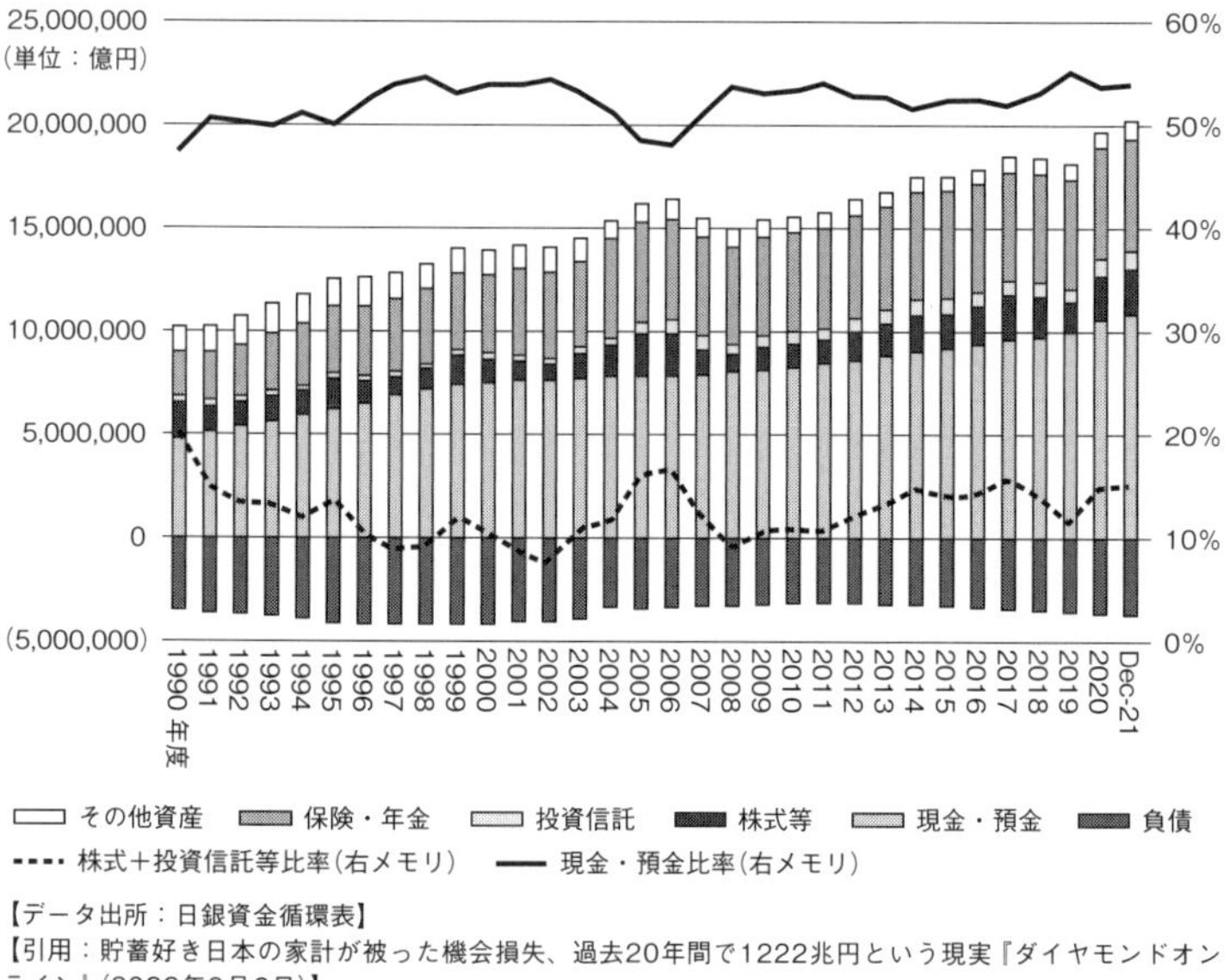


【データ出所：日銀資金循環表】
【引用：貯蓄好き日本の家計が被った機会損失、過去20年間で1222兆円という現実『ダイヤモンドオンライン』(2022年9月6日)】

によれば、「例えば英国の家計金融資産は1999年から2019年の間に2・3倍（うち運用リターンによる増分は1・6倍）になった。同じく米国のそれは2・7倍（うち運用リターンによる増分は2・0倍）になった」とのこと。

これはスゴイ！　やらない手はないですね。私が主宰するオンラインサロン「八重洲イブニングラボ」において、このドルコスト平均法によるインデックス投資は「自動運転」と呼ばれています。命名者は、前掲記事の筆者である竹中正治教授です。

このやり方は、典型的な「buy and forget」です。**一般的なネット証券の口座で購入する商品と購入する日付と金額を決めて、あとは設定ボタンを押すだけ。購入資金が底をつかないようにたまに確認して入金をしてください。あとは放置です。まさに自動運転。**

ちなみに、どれぐらいの金額を毎月投資すべきかについては、私のビジネスパートナーである勝間和代《かつまかずよ》さんの言葉を借りましょう。**毎月の購入金額は「手取り収入の2割」です。**手取りが20万円なら4万円を常に株式購入に充ててください。常に手取りの8割で生活できるように無駄遣いしないこともポイントです。4か月積み立てれば1か月遊んで暮らせます。1年で3か月分の遊んで暮らせる金額が手に入る。4年続ければ1年遊んで暮らせますよね？　その余裕を持って、転職や独立などのリスクを取ってください。もちろんやりたい人は、という話ですが。

## なぜ流行りの「S&P500」や「オルカン」はお勧めしないのか?

次に、購入する商品について考えてみましょう。先ほどは日本株のインデックスファンドの中で最も時価総額の大きい「eMAXIS」をご紹介しました。日本株のインデックスファンドはほかにもいくつかありますので。そちらでも構いません。ただ、気をつけなければいけないのは手数料です。たいていの投資信託は手数料が高く。利回りがそれで食われやすくなってしまうというのが問題です。

先ほど紹介したeMAXISは売買手数料が無料です。毎年かかる信託報酬は0・143%以内、信託財産留保額もナシという優れものです。というか、インデックスに連動した投資信託の場合、むしろこれが普通です。eMAXISを基準としてほかの投資信託を比較してください。

次に、投資対象について考えてみます。私は基本的に日本株のインデックスだけで運用していれば問題ないと考えています。ただ、最近はアメリカ株のインデックスである**「S&P500」**指数に連動した投資信託を買う人が多いそうです。また、世界の株式全体を指数化したMSCI世界株式指数に連動するいわゆる**「オルカン（オールカントリー）」**を買う人が増えているという報道があります。どのようなインデックスを買うかはその人の自由ですが、私はあまりこれらをお勧めしません。お金に余裕があって投資を分散したい人ならいいですが、そもそも毎月最低投資単位の2万円ぐらいを積み立てるのが精いっぱいという人もいるでしょう。**なにか1つしか買えないという条件の下であれば、私なら日本株のインデックス、TOPIX一択かなと思っています。**

日本株の投資信託の場合、そこで取っているリスクは株式の株価変動リスクだけです。**これに対して外国株の投資信託の場合、株式の価格変動リスクに加えて、為替の変動リスクも取らなければいけません。**もちろん、この為替の変動リスクをヘッジすることは可能です。ヘッジありの商品もありますから。しかし、そのヘッジにはコストがかかります。わざわざ為替の変動リスクを取ったり、それをヘッジするためのコストを払ったりしなくても、日本株で運用すれば価格変動リスクによってインフレリスクを相殺できるわけですから、それでいいのではないでしょうか？

## 経済は経済学の理論通りに動いている

さらにここまで書いてきた通り、日本経済は極めて強いインフレに対する耐性を持っています。今後インフレがどんどん進行して行くと、日本経済一人勝ちみたいな状況も考えられると思いませんか？　私が想定しているのは1979年の第二次石油ショックです。あのときはまさに日本だけが独り勝ち。世界中がインフレによって苦しんでいるときに、日本はインフレをうまく抑制してほとんどノーダメージでこの石油ショックをやり過ごすことができました。1980年代、私は小学校高学年から高校生にかけての時期を過ごしたわけですが、たしかにあの時期の世の中の発展というのは目覚ましいものがあったと思います。そういえば、エズラ・ヴォーゲル氏の『ジャパン・アズ・ナンバーワン』という本もまさにこの第二次石油ショックのときの1979年に出版されたものでしたね。

私も2001年から株式投資を続けていますが、最初の頃は経済の掟に逆らった投資をしてかなり損をしました。私が経済学を学んだのは、株式投資で勝ちたいという側面も大きかったと思います。**そして、いろいろやってわかったことは、やはり経済学の理論通り経済が動いているということです。**よく訳知り顔の投資家や企業経営者などが、経済学の理論なんて意味がないと言いますが、あれは大きな間違いです。少なくとも私の経験上、経済学の理論が長期的に外れたことはありません。

その理論とは極めて単純です。**お金を刷り続ければインフレになるし、それをやめればインフレは止まる。**そしてあまりにもお金を刷ることにケチになりすぎるとデフレになる。さらに掘り下げて言えば、中央銀行は望ましくないインフレ率が示現《じげん》してしまった場合でも、金融政策を使ってそれを修正することができます。インフレになりすぎたら利上げをしてそれを止めることができるし、デフレになったら文字通りお金を刷ってインフレに戻すことができる。

この当たり前の話がなぜか理解できない人が多い。なぜだかよくわかりませんが、お金をいくら刷ってもインフレにならないという珍妙な意見を言う人がたくさんいました。目の前のデフレが永久に続くという現状バイアス、線形思考の弊害でしょうか？　しかし、彼らの言っていることが正しいなら、政府は紙幣を印刷することによって予算をまかなうことが可能になります。だって、お金を刷ることの唯一のペナルティーはインフレです。それが起こらないというわけですから、こんなに素晴らしいことはありません。これって無税国家爆誕ですよね？　もちろん、そんなものは歴史上存在したことはありません。バカも休み休み言えと思います。

## インフレが行きすぎても必ず抑え込むことができる

**同じようにインフレが行きすぎたときは、利上げなどの金融引き締め政策によって必ずそれを抑え込むことができます。**政府や中央銀行には、利上げ以外にも紙幣の切り替えとか、為替レートの固定化とか、いくらでも手段があります。実際に、第一次世界大戦後にドイツを襲ったハイパーインフレは新紙幣への切り替えによって収束しました。また、1980年代にアルゼンチンを襲った年率4000%という激烈なインフレもアルゼンチン政府が1ペソ1ドルという新しい為替レートを導入したことによって3年ほどで収まっています。

もちろん、これらの政策を導入して2秒後に効果が出るというわけではありません。2か月でも効果は出ないかもしれない。しかし、やり続ければ必ずいつか効果が表れます。政策実行から効果が表れるまでのタイムラグは概ね半年から1年程度だと思ってください。その間、市場は疑心暗鬼になり株価や為替レートは不安定な値動きになることがあります。

しかし、政府や中央銀行が腰を据えて政策を断行すれば最終的に市場は落ち着いてきます。政府や中央銀行が経済学的に正しい政策をやり続ける限り、市場の輩《やから》がいくら楯突《たてつ》いても勝てないからです。

とはいえ、政府や中央銀行が経済理論に逆らった無茶な政策をやればこういった輩に負けることもあります。その最も有名なケースは、イギリスのポンド防衛策が、著名投資家のジョージ・ソロス氏によって粉砕された件です。ソロス氏は、1992年には当時割高とされていた英ポンドに目をつけ、100億ドルに上る大掛かりなポンド売りを仕掛けました。イングランド銀行は利上げやポンド買い介入などで、通貨防衛を図りましたがポンド安は止まらず、英国は「ERM（欧州為替相場メカニズム）」を脱退し、変動相場制に移行しました。ポンドを買うためには、イギリス政府が持っているドルを売るしかありませんが、その残高には限りがあります。弾薬が尽きそうなことを、ソロス氏を始めとした投機筋に見抜かれ、総攻撃を食らったわけです。

反対に、日本政府が2000年代から2010年代にかけて行った為替介入は理論上、絶対に投機筋が勝てない介入でした。なぜならこれらは円売りドル買いの介入だったからです。日本政府は理論上、日本円を無限に発行可能です。この構図において、回復魔法を使わなくても最初から日本政府のＨＰは無限です。投機筋が束になってかかっても絶対に勝てるわけがありません。戦う前から勝負は決まっていました。

もちろん、日本円を刷りすぎればインフレが行きすぎて大変なことになります。しかし、円売り介入をしたこの時期の日本はデフレの罠にハマっていました。そのため、インフレの心配をせずに思いっきり為替介入ができたわけです。

ちなみに、現在、日本のインフレ率は２％を超えているのでもうこの手は使えません。というか、そもそも為替介入は投機的な動きをけん制する目的で行うものであって、為替レートそのものをコントロールするために使ってはいけません。日本は変動相場制の国。やりすぎは国際公約違反になります。

## 社会主義諸国と自由主義諸国の大きな違い

政府や中央銀行の政策はそれが経済学の理論に則ったものであれば成功します。逆に経済学の理論を無視した政策は短期的には成功することがあっても、長期的には維持不可能であり、いつか必ず失敗します。たとえば、１９９１年に崩壊したソビエト連邦はマルクス・レーニン主義に基づく「社会主義計画経済」を実施してきましたが、市場を無視した計画経済は巨大な非効率の塊となりました。その結果、過度の財政赤字を石油輸出による黒字で穴埋めするという罠に陥ります。しかし、それでも1970年から1980年までは原油高が右肩上がりだったので、なんとかこのビジネスモデルは存続が可能でした。ところが、1980年をピークに原油価格は下がり始め、1980年代後半にはピーク時の1バレル40ドル前後から20ドル前後まで下がっていました。1990年8月にはイラクがクウェートに侵攻して湾岸危機が発生し原油価格は40ドルまでと急騰しましたが、これも一時的。各国が戦争だと慌てて備蓄を積み増したことや米国経済が景気後退局面になったことなどが重なり、多国籍軍によるイラク攻撃（湾岸戦争）が開始された1991年1月には再び20ドル前後まで暴落しました。そして、これがほぼトドメの一撃となってソ連経済は崩壊したのです。社会主義の経済理論は最初から間違っていた。それだけの話です。とはいえ、ソ連が建国されたのは1922年。崩壊したのは1991年ですから、約70年間にわたり経済理論に逆らった経済政策が実施されてきたというのも事実です。長期的に経済理論に逆らった間違いは正されるといっても、実際にそれが何年かかるかは誰にもわからない。ここが大きな問題ではあります。

たとえば、現在の中国政府は政治的な理由から経済理論に逆らった無茶な政策を実行しています。そして、これは歴史上何度も繰り返されている点が重要です。古くは毛沢東《もうたくとう》が1950年代に実施した「大躍進政策」です。大衆運動によって中国経済を先進国並みにするという無茶な目標を立てました。もちろん、そんなものは到底達成することはできず、約5000万人から6000万人が餓死しました。しかし、中国共産党はこれに全く懲りておらず、最近ではゼロコロナ政策が無惨にも失敗し、中国経済は長期低迷に陥っています。

このように、社会主義のような権威主義体制の国は、誤った経済政策を選択しやすいという傾向があります。しかし、だからといって日本や欧米のような自由主義諸国が間違った政策を絶対に選択しないかというと、必ずしもそうではありません。先ほど紹介した、イギリス政府およびイングランド銀行がポンドの価値を維持するという誤った政策に手を染めたという過去があります。また、アメリカも古くは1930年代の恐慌期においてまだデフレから脱却できていなかったのに金融緩和を解除し、増税するという大間違いをやっています。最近では2008年にリーマンブラザーズ証券の破綻処理を間違えてリーマンショックという大事故も起こしました。そして、日本も御多分に漏れず、デフレの真っ只中で何度も金融緩和を解除するという愚策を取ってきました。この点については、すでに何度も書いたところです。

ただ、ポイントは経済政策の選択を間違えるということではありません。**間違いを犯したあと、それに気づいてどれだけ早く修正するかという点です。この点が社会主義諸国のような権威主義体制の国と自由主義諸国の大きな違いです。**

**自由主義国家の場合、間違いを犯してもそれを正す手段があります。それは「国政選挙」です。**間違った経済政策を採用すればいつか必ず国民が困窮し、国民はその状態に耐えられなくなります。鬱積した不満は選挙で爆発するわけです。そして、政権交代が起これば、経済政策は見直され、前の政策が否定されます。そして、たいていの場合は前の路線と180度違う政策が採用される。前が間違っていたんで、逆をやれば正解。極めて単純です。

2012年の政権交代選挙はまさにそれでした。民主党政権が円高容認で、かつ緊縮的な政策運営をしていたのに対して、第二次安倍政権はその逆をやったわけです。金融緩和、財政拡張、成長戦略（規制緩和）というアベノミクス三本の矢はまさにそれを象徴する政策でした。そして、景気が低迷していた原因である、誤った経済政策が正されれば、当然景気はよくなる。景気がよくなれば株価が上がる。当たり前のことが起こったにすぎません。そして私はこのときすでに経済学の知見を身につけていたので、絶対に株価が上がると思って株を買ったわけです。もちろん、このとき買った株はすべてインデックスです。個別銘柄は買っていません。

**逆に言うと、権威主義国家の場合、間違った政策を採用してもそれが正されずにダラダラと長く続く可能性が高いということです。**権威主義国家の独裁者は大抵メンツがありますので、自分の間違いを認めません。そして間違いを認めないまま長きにわたって政権の座に就く。結果として、その独裁者が死ぬまで間違った政策が採用される。ソ連が崩壊した理由はまさにこれではないでしょうか？　毛沢東がもう少し長生きしていたら、中国は崩壊していたかもしれません。そしていま、習近平という新たな独裁者が。永久に独裁を続けるための法整備を完了しました。さらに経済政策は間違い続けています。中国の長期停滞はこのまま続く可能性が高いと思われます。

## 市場の歪みを利用して大きく儲けることも可能

とはいえ、権威主義国家がつくり出す市場の歪みを利用して大きく儲けることも可能です。実際に、中国がWTOに加盟した2001年からリーマンショック直前の2007年までの間に中国株に投資していたら相当な儲けを出すことができたでしょう。しかし、中国の高度成長はサスティナブルではなかった。その後の株価でみてもわかる通り、大して上がっていません（下記のグラフ参照）。取引規制や空売り禁止、「国家隊」による

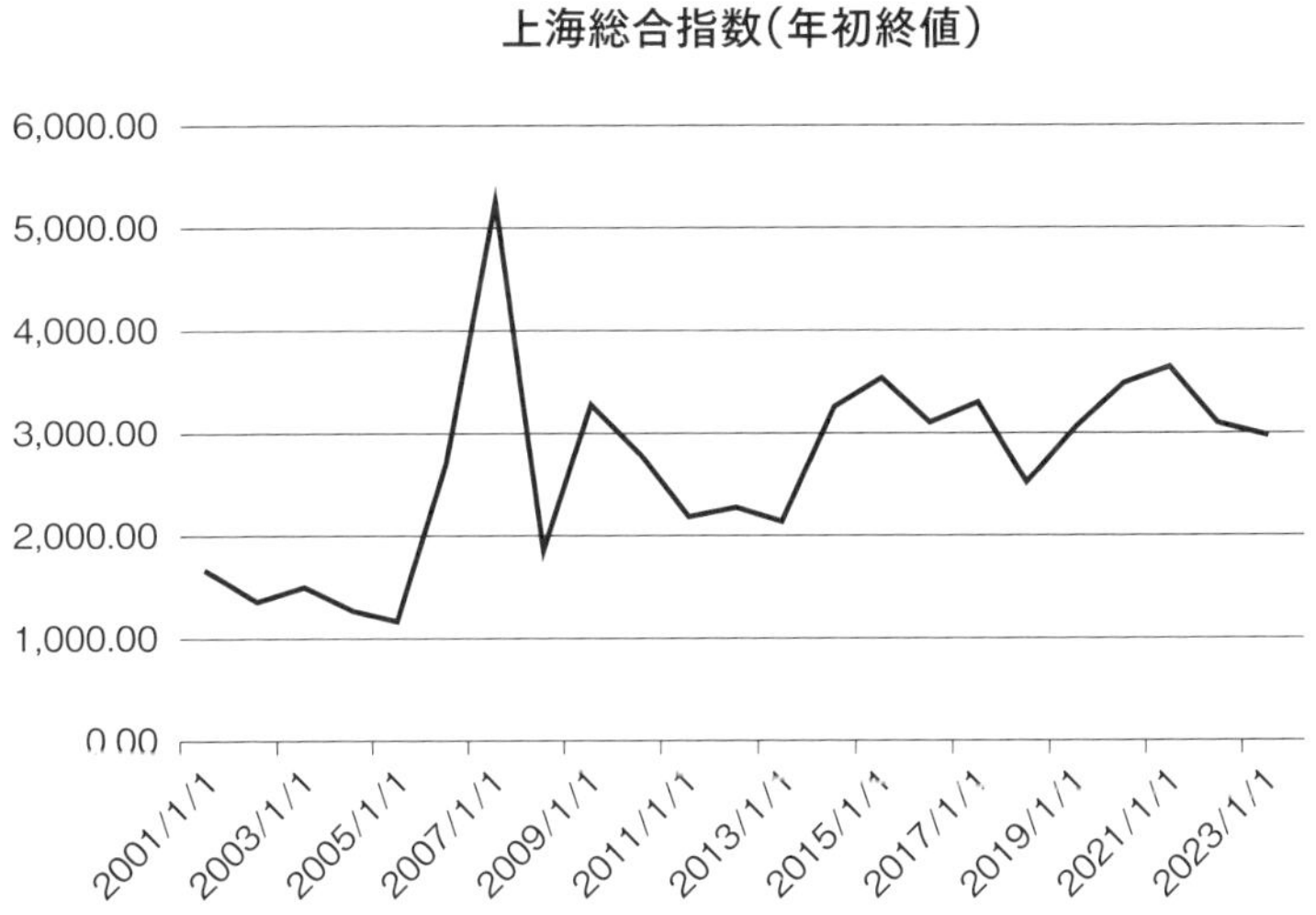


【データ出所：株探（かぶたん）】

買い支えなど、ありとあらゆる株価維持策をやってこのザマ。

そもそも、高度経済成長そのものが持続可能ではありません。高度経済成長とはマラソンでいうと4番手グループぐらいの選手が、ごぼう抜きでトップグループに追いつくことです。トップグループに追いついたらそこから先はいままでのようにはいきません。マラソンと違って経済はなにが正解かコースが決まっていないからです。トップの背中を追いかけているうちは、真似してればよかったものの、トップに追いつたら自分も試行錯誤をしなければならないのです。ところが、中国は試行錯誤の努力より、産業スパイで技術を盗むことに注力してしまいました。さらに、研究開発において一番大事な「自由」という価値観を共産党が否定しています。これではトップを走り続けることは難しい。経済学の理論通り、中進国の罠に陥りつつあるわけです。

ちなみに、中国経済が長期低落傾向を続けることが確実ならそれで儲ける方法はなきしもあらず。**「上海総合指数」とほぼ連動して動く香港の「ハンセン指数」という株価指数があります。この株価指数に連動した商品の中に、株価が下がると基準価格が上がるいわゆる「ベア型」と呼ばれるオプションなどを組み合わせたややリスクの高い商品があります。**ネットで検索したら「**NEXT NOTES 香港ハンセン・ベア ETN**」（P169の図参照）が出てきました。この商品はETFではなく、**「ETN」**です。ETFは裏付けとなる資産を保有しているのに対して、ETNは信用力の高い金融機関が特定の指標に連動するように発行した債券です。発行している金融機関は裏付け資産を保有せず、その信用力により債券を発行しますので少しリスクは高め、手数料も高めです。

調べてみたところ、私が口座を持っているSBI証券でもこの商品は買えることがわかりました。コロナ前の2019年以降の価格はP170のグラフのように推移しています。

### ETNの商品概要

| | |
|---|---|
| 銘柄コード | 2032 |
| 銘柄名 | NEXT NOTES 香港ハンセン・ベア ETN |
| 連動対象指標 | 円換算した「ハンセン指数・ショートインデックス」 |
| 信託財産 | 外国指標連動証券（外国債券）<br>発行会社：ノムラ・ヨーロッパ・ファイナンス・エヌ・ブイ<br>保証会社：野村ホールディングス株式会社<br>満期償還日：2033年2月7日 |
| 上場取引所 | 東京証券取引所 |
| 上場日 | 2013年2月18日 |
| 初回発行時の基準価額 | 10,000円 |
| 売買単位 | 1口 |
| 決算日 | 毎年4月30日 |
| 分配金 | 原則として分配金はありません |
| 管理費用 ※ | 年率0.80% |
| 信託委託者 | 野村證券株式会社 |
| 信託受託者 | 三菱UFJ信託銀行株式会社、日本マスタートラスト信託銀行株式会社 |

【引用：ETNなら　野村のNEXT　NOTES】

まさに中国株の低迷に合わせて逆向きに6000円から1万円まで上がっています。ゼロコロナ政策が終わったときに、中国株は一時的に上昇したので7000円を一瞬割れますが、その後リバウンドが期待外れに終わり再び中国株は低迷しました。特に2023年後半にかけての売りがキツかったので、その分この指数は逆に動いて価格を上げました。

## 投資のプロを打ち負かす最強の買い方

このように、歪んだ経済政策を行う国は、株価も歪んでおり、その歪みが大きな儲けを

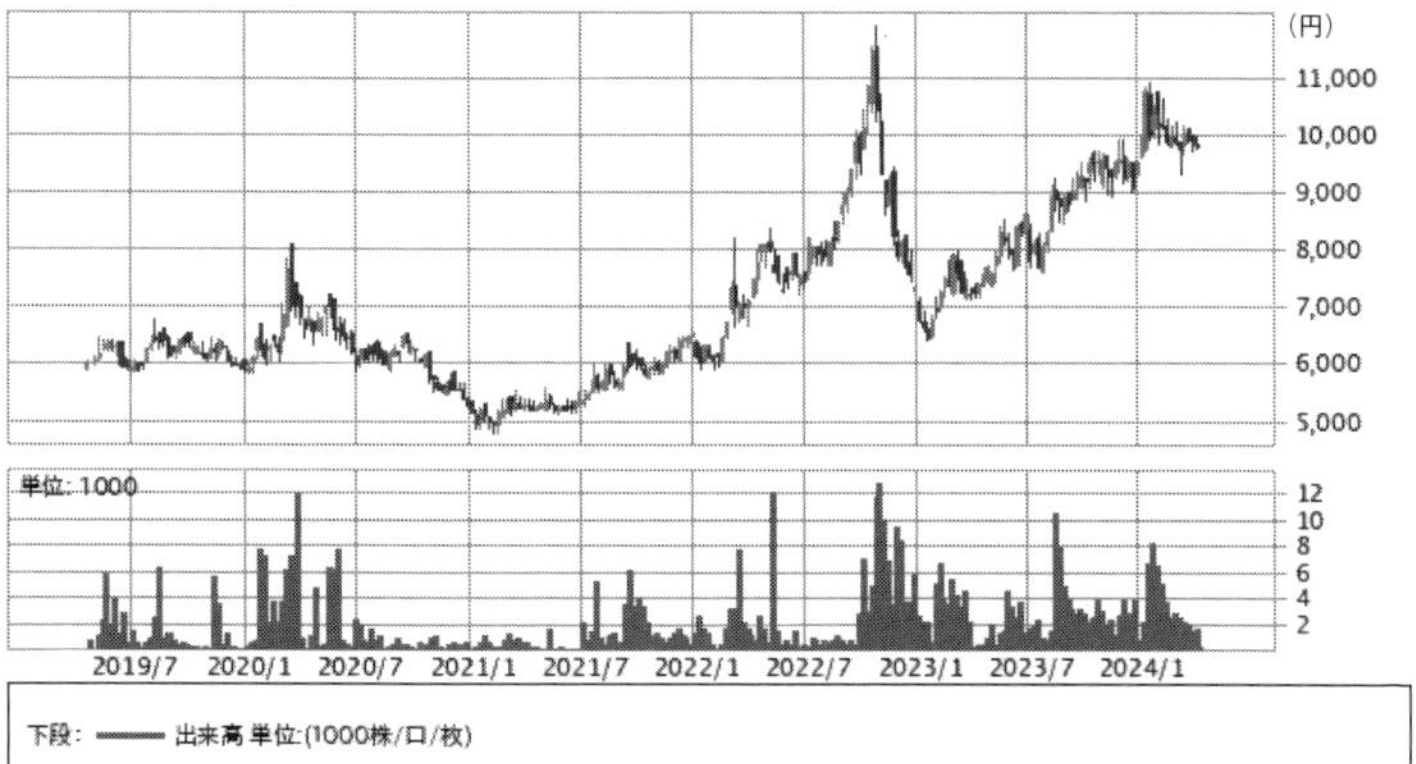

(c)Quants Research Inc.

【データ出所：SBI証券】

生むことがあります。ただ、これを狙って取引するのは非常に難しい。なにせ習近平の心の中の動きを読まなければならないわけですから。独裁者の気まぐれで乱高下する株価に賭けることは、資産運用というよりギャンブルになってしまうのではないでしょうか？私はあまりお勧めしません。

我々は日本人ですし、基本的に日本という国で円という通貨を使って暮らしているわけです。ということは、日本株を買って円を稼げばインフレによる資産の目減りという問題が解決すると思いませんか？　私はそれを推奨したいと思います。あまり無理して外国株で大きく儲けようなどと、考えないほうがいい。ましていまはインフレモード、日本経済には追い風です。普通に考えたら、答えはもう出ているのではないかと思います。

基本的にここまで書いてきたことは、私自身が実践している投資術です。経済評論家として世間一般から経済に詳しい人と思われているからには、私自身が投資して儲けていなかったらなんか変ですよね？　だから私は自分の言った通りに投資をしているわけです。そして実際にそれで儲けています。

とはいえ、私がここだと言って、全力で株を買ったことは数回しかありません。その点についてはすでに書いた通りです。そして現在なにをしているかといえば、この章で書いた通り、**ドルコスト平均法をメインにしてひたすら自動運転を繰り返すだけ**です。これ以外には特にやっていません。あえて言うとエンタメ枠といって総資産の1％程度をここだといって買う枠にとってあります。しかし、これはあくまでもストレス解消の遊びみたいなもので、全部損しても1％しか失いません。個別株を全力買いするときなんてこの程度ですよ。これ以上力を入れてやったらやばいです。逆に総資産の1％が最低投資単位に満たない人はこういうことはしないほうがいいと思います。はっきり言って時間とお金の無駄です。**自動運転の設定をしたらひたすら働く、以上。投資なんてそんな偉そうなもんではありません。そしてこの自動運転の買い方が、基本的にはプロを打ち負かす最強の買い方であるというところがポイントです。**

## アクティブファンドはじゃんけん大会の優勝者

いわゆる投資のプロが運用するファンドのことを「**アクティブファンド**」といいます。投資のプロが銘柄を選び、売り買いを繰り返し、利益を上げるということになっていますが、実際にはドルコスト平均法には勝てません。インデックスファンドを自動運転で買い続けているただの素人にプロが負けるなんて信じられないですよね。でもこれは事実なんです。この点について検証してみましょう。

まずは一般的に信じられている話から、インデックスファンドよりアクティブファンドのほうが利回りがいいとする篠原《しのはら》滋《しげる》氏（株式会社お金の育て方代表取締役）の記事から引用します。

野村総合研究所Ｆｕｎｄｍａｒｋの分類とデータを用いて、ＴＯＰＩＸをベンチマークに運用されるアクティブファンドが多くを占めるカテゴリーのカテゴリー平均リターンと、ＴＯＰＩＸ（配当込み指数）、並びにＴＯＰＩＸに連動させることを目指すＴＯＰＩＸ型のインデックスファンドのカテゴリー平均リターンを過去３年と５年で比較しました（Ｐ１７４の表を参照）。過去３年でも５年でもアクティブファンド＞市場指数＞インデックスファンドとなっており、「日本株では大半のアクティブファンドはインデックスをアウトパフォームできない」との批判は、データの裏付けに欠けるように思えます。

【引用：目からウロコのアクティブファンドvsインデックスファンド　２『Finasee』（２０２１年10月５日）】

これに対して龍谷大学経済学部の竹中正治教授は6つの論点を示して詳細に反論しています。竹中教授のフェイスブックの投稿をそのまま引用します。

1、リスク調整後のリターン比較でないと意味がない。

アカデミズムも含めて投資の成績は単純なリターンの相違ではなく、リスク対比でのリターンで行うことが常識だ。先物を使うか、借り入れを使うか、ともかく金融レバレッジを上げればリスクの上昇を代償にリターンは簡単に上がるからね。この方はその点を承知のはずなのに無視している。

| 国内株式 | 累積リターン(%) | |
|---|---|---|
| | 過去３年 | 過去５年 |
| アクティブファンド | 19.5 | 67.9 |
| TOPIX　(配当込み) | 16.3 | 61.0 |
| インデックスファンド | 15.3 | 58.4 |

（注）2021年7月末時点。「アクティブファンド」は野村総合研究所Fundmarkによる分類で国内株式/一般/フリーのカテゴリーに分類される249ファンドの同研究所が算出するカテゴリー平均（NRI-FPI）リターン。「TOPIX（配当込み）」は同指数のリターン。「インデックスファンド」は同分類で、国内株式/インデックス/TOPIXのカテゴリーに分類される77ファンドのカテゴリー平均（NRI-FPI）リターン。
出所：野村総合研究所Fundmark

【引用：目からウロコのアクティブファンドvsインデックスファンド２『Finasee』（2021年10月5日）】

リスク対比でのリターンは一般に「シャープレシオ＝（投資リターン・無リスク資産リターン）／リスク」で計算される。リスクは投資資産のリターンの変動性の標準偏差を計算し、リターン同様に年率換算するのが一般的だ。以下、日本では無リスク資産リターンとしての短期国債利回りは長年ゼロ近辺なので、ゼロとして計算した。

下記の図表は、Morningstarのサイトからとった国内株式投資のインデックスファンドと非インデックスファンドの過去3年間のリターン、リスク、シャープレシオだ。リターンでもシャープレシオでもインデックスが上回っているのがわかる。

2、購入時手数料、反映していないよ。

篠原氏は保有期間に比例してかかる信託報酬差し引き後のリターン

| 図表1 | 過去3年 | | | | | |
|---|---|---|---|---|---|---|
| 国内株式対象投信（運用純資産50億円以上） | 年率リターン（信託報酬差引後） | リスク（年率換算標準偏差） | Sharp Ratio | 銘柄数 | 総純運用資産額（百万円） | 平均信託報酬(平均) |
| ｲﾝﾃﾞｯｸｽ投信 | 7.41% | 18.3% | 0.406 | 58 | 2,065,847 | 0.50% |
| 非ｲﾝﾃﾞｯｸｽ全体 | 7.21% | 20.7% | 0.348 | 168 | 4,327,448 | 1.57% |

【データ出所：Morningstar】

で比較しているが、購入時の手数料は考慮されていない。当然ながら購入時手数料もネットリターンの違いをもたらす。

ただし近年は同じ投信でも販売窓口の違いで購入時手数料が違うから、単純な比較が難しい。しかしアクティブ型投信（非インデックス）の購入時手数料は概ね2〜3％（平均2・5％前後？）、インデックスは0・5％（？）以下程度が普通だろう。

したがって、5年保有するとすると、販売時手数料の相違は平均で0・4％（＝2・0％／5）、3年保有なら0・67％（＝2・0％／3）ほどインデックス投信に対してアクティブ投信のリターンをさらに押し下げる。

3、TOPIX連動だけがインデックス投資ではないよ。

篠原氏のデータでは、シャープレシオではなく、単純なリターンのみの比較でも過去3、5年インデックスが負けている結果が提示されていたが、その理由は、インデックス投信としてTOPIX連動型のみを抽出したからだ（P177の図表を参照）。

過去3年ほど、ＴＯＰＩＸに比較して日経２２５のリターンが顕著に上回っており、同氏は日経２２５を除くことで「インデックスファンドの負け」を演出しているのだ。

全上場銘柄の加重平均値で計算されるＴＯＰＩＸのロジカルな明瞭さに比べると単純平均法でありながら、やや複雑な調整法を採っているのが日経株価指数ではあるが、日本株を代表するインデックスとして外されるのは公平ではないだろう。

日本ではＴＯＰＩＸ連動と並んで日経２２５連動がインデックス投信として大きなシェアーを締めている。これを除外するのは「インデックス自体との比較ではなく、実際のインデックスファンドと比べてみる必要がある」という篠原氏自身の主張に反するであろう。

| 図表２ | 過去3年 | | | |
|---|---|---|---|---|
| 国内株式対象投信 | 年率リターン（信託報酬差引後） | リスク（年率換算標準偏差） | Sharp Ratio | 銘柄数 |
| 日経225 | 8.45% | 18.9% | 0.448 | 48 |
| 日経400 | 6.32% | 17.4% | 0.362 | 12 |
| TOPIX | 5.77% | 17.5% | 0.329 | 43 |

【データ出所：Morningstar】

## 4、小型株優位のアノマリー？

また日経新聞の田村さんから「小型株優位の効果で非インデックスのリターンが上回っているのでは？」と言う趣旨のコメントがあった。私も日本の２０００年代以降の長期で見ると、小型株優位のアノマリーが存在しているのは承知していたのでそうかと思ったが、過去３年で計算すると、非インデックス投信のリターンに小型株優位は消えている（下記の図表を参照）。

## 5、検証期間が短すぎる。

この種の投資パフォーマンス比較は、アカデミズムも含めて米国では遥かに沢山行われているが、十分に長期の成績を見る必要があり、最低でも10年かそれ以上の比較が常識的だ。同氏の３～5年と期間は妥当な比較をする期間としては短すぎる。

| 図表 3 | 過去3年 | | | | | |
|---|---|---|---|---|---|---|
| 国内株式対象投信 | 年率リターン（信託報酬差引後） | リスク（年率換算標準偏差） | Sharp Ratio | 銘柄数 | 総純運用資産額（百万円） | 平均信託報酬(平均) |
| ｲﾝﾃﾞｯｸｽ投信 | 7.08% | 18.1% | 0.390 | 103 | 2,187,808 | 0.49% |
| 大型株非ｲﾝﾃﾞｯｸｽ | 6.78% | 19.7% | 0.344 | 80 | 2,390,382 | 1.44% |
| 中型株非ｲﾝﾃﾞｯｸｽ | 6.45% | 20.0% | 0.322 | 117 | 1,371,707 | 1.61% |
| 小型株非ｲﾝﾃﾞｯｸｽ | 6.25% | 22.4% | 0.279 | 86 | 846,780 | 1.67% |

大型株は純運用資産総額50億円以上

データ：Morningstar　10月7日現在

【データ出所：Morningstar】

6、生存バイアス?

今存在する非インデックスファンドの成績には成績不振で途中で消えたファンドの成績は反映されていないという「生存バイアス」で押し上げられている、というコメントを上念さんから頂いた。まことにごもっともなのだが、現在開示されているデータでこの点を補正することはできないので、今回は検証外とせざるをえない。3年程度の短期では、このバイアスはあまり強くないだろう。

結論

というわけで篠原氏の「インデックス相手にアクティブファンドは負けていないor優っている」という主張は公平、妥当性に欠ける。やはり「高い手数料のアクティブ投信を買わせたい」という業界利害のバイアスが背後に隠れていると感じざるを得ないな。

【引用:竹中正治氏のFacebookより(2021年10月9日)】

まさにご指摘の通りです。私がこの6つの中で最も重視するのは6番目の**「生存バイアス」**です。**アクティブファンドは成績が悪いと消えていくため、残っているファンドは割と成績のいいものだけになるという偏りがあります。**たとえば、100人でじゃんけん大会した場合を想像してください。第1回大会で、最後まで勝ち抜いて優勝した人が1回戦から出したグー、チョキ、パーの組み合わせをそのまま変えずに第2回大会で使ったとしましょう。第2回大会でも優勝できるでしょうか？　無理ですよね。1回目の優勝は再現性のない偶然の産物。2回目は同じ手では絶対に優勝できない。しかし、2回目の大会にも必ず優勝者は出ます。ただし、再現性はありません。

**アクティブファンドなんてじゃんけん大会の優勝者みたいなもんです。そのときたまたまその戦略が当たっただけ。来年、その戦略が通用するとは限らない。たまたま万馬券に当たっただけだと思ってください。**

## アクティブファンド界のカリスマの大失敗

**ドルコスト平均法が自動運転であるのに対し、アクティブファンドのように特定銘柄を一気買いするやり方を私は「KKD」と呼んでいます。KKDとは「こ（K）こ（K）だー！（D）」の略です。**

そのKKDでワールドクラスのトラックレコードを持つマイケル・バーリ氏をご存じでしょうか？　世界中でベストセラーとなり映画化された『世紀の空売り　世界経済の破綻に賭けた男たち』（マイケル・ルイス 著／文春文庫）の主人公であり、サブプライムローンの崩壊を的中させ、文字通り世紀の空売りで史上空前のボロ儲けをした人です。

そんなKKD界のカリスマは、現在サイオンというファンドを率いております。ところが、このサイオンが最近うまくいってない。まずは2023年11月15日付（日本時間）のこの記事をお読みください。

著名投資家バーリ氏、半導体株ETFのプットオプション取得

サイオンは第3・四半期にiシェアーズ半導体上場投資信託（ETF）（SOXX・O）

の下落に賭けるプットオプション4740万ドル（原資産ベース）を取得した。同ETFは年初来で45・37％上昇している。
【引用：著名投資家バーリ氏、半導体株ETFのプットオプション取得『ロイター』（2023年11月15日）】

「iシェアーズ半導体上場投資信託（ETF）のプットオプションを買う」というのはどういう意味かわかります？　「プットオプション」とは売る権利のことです。売る権利を買うということは、このETFを売っているのと同じ。オプションなのでレバレッジがかかりますので、普通に取り引きするより何倍もの利益や損失が出ます。バーリ氏は2023年末に米株が大暴落することに賭けて、半導体株全体を売ったということです。値段が高いうちに売って、暴落した後、買い戻してボロ儲けする。リーマンショックのときにやったビッグショートと全く同じ手法です。ところが、2024年2月15日に『ブルームバーグ』は次のように報じております。

世紀の空売りバーリ氏、半導体弱気ポジション解消─ヘルスや金融取得

2023年10－12月（第4四半期）のポジションに関する株式保有報告書「フォーム13F」によれば、サイオンは上場投資信託（ETF）、iシェアーズ・セミコンダクターETF（SOXX）の下落に賭ける投資を手じまいした後、保有ポジションの数を25とほぼ倍増させた。マイケル・ルイス氏のベストセラー「世紀の空売り」（原題：ザ・ビッグ・ショート）で取り上げられ一躍有名になったバーリ氏は昨年、S&P500種株価指数とナスダック100指数の下げに賭けたが、今回の報告書では、ポートフォリオに弱気ポジションが一つもなかった。

【引用：世紀の空売りバーリ氏、半導体弱気ポジション解消─ヘルスや金融取得『ブルームバーグ』（2024年2月15日）】

なんと！　予想していた米株の大暴落は起こらず、バーリ氏はションボリとポジションを手仕舞っていたのです。しかも、慌ててヘルスケアや金融株を後追いで買う始末。まさにドテン買い。素人かよ（笑）。

ただ、バーリさんの名誉のために言っておくと、このファンドはこういう戦法を売りにしているのです。彼はルール通りに取引しているのでなにも恥ずかしいことはない。そのルールとはリーマンショックの2匹目のドジョウ狙いです。株価が急落しそうなネタ探しをして、ショート(売り)から入ってカバー(買戻)して儲ける。ショートしても大して株価が下がらなかったり、逆に踏みあげられたりして損失が出たら致命傷になる前に手仕舞う。この戦法を年がら年中繰り返すことで、数年〜十数年単位に一度まぐれ当たりが出るわけです。そのホームラン一本で、いままでのアウトをすべて取り返す。まさに万馬券狙いの「待ちぼうけ殺法」という感じ。宇宙戦艦ヤマトでいうところの波動砲みたいなもんです。それまでいくらやられてもその一発で形勢大逆転みたいな?

ただ、問題はサイオンがヤマトではないということ。ヤマトなら波動砲撃つまでガミラス帝国の攻撃に耐えられる設定になっています。しかし、サイオンはそういう設定になっていない。ホームラン打つまでに弾切れになればゲームオーバーです。下手するとヤマトどころか、「伝説巨人イデオン」並みの胸糞悪いバッドエンディングもあり得ます。最後は宇宙じゃなくて市場の藻屑《もくず》となって消えるんです。全員死亡!! 最悪だ!

サイオンは極端な例ですが、アクティブファンドというのは多かれ少なかれ、そんな感じ。逆転一発マンはタツノコプロのアニメみたいに毎週、現れないのです。むしろ毎週、大巨人の大激怒で「ドーン!」って感じですかね。バーリさん、今日も自転車でお帰りですか？（ちょっと譬《たと》えが古くて申し訳ありません）。

我々が個別銘柄で勝負しようとしたら専門で調べているプロには勝てません。しかし、インデックス投資をすればそのプロたちが束になってかかっても我々に勝てない。不思議なことですが、これが株式市場でずーっと起こり続けてきたことです。そして、この構図はある意味構造的。なので、個別銘柄のＫＫＤなんてやめて、インデックス投資を自動運転で進めるのが正解です。事実、私もそうしております。投資なんてそんなに難しく考える必要はないんです。インフレによる資産の目減りを回避するための小技ぐらいの感覚で始めてみてください。

# 第4章
# 相場観を持てば ノイズに騙されない

## ノイズの山からシグナルを探し当てよう

私が前章まで説明してきたことは、すべて市場の**「シグナル」**に関する話です。シグナルをしっかりと受信し、それを正しく解釈すれば大きな流れを見失うことはありません。しかし、ここで一つ問題があります。市場およびその周りから発せられるものはシグナルだけではないという事実です。**むしろ、シグナルの受信を妨げる「ノイズ」のほうが圧倒的に多く発信されております。**そして、このノイズがシグナルを埋めて隠してしまうため、大事なシグナルを見落とす人が圧倒的多数派なのです。

さらに、もう一つ困ったことが！　そのノイズの中には意図的にあなたを騙して金を巻き上げる悪質なものが一定の確率で含まれています。いわゆる「ポジショントーク」とか、「風説の流布」とか、最も悪質なものは「投資詐欺」と言われるものです。

大変残念なことに、日本を代表する経済専門紙『日本経済新聞』がノイズの宝庫。よってほかのメディアは推して知るべし。ＳＮＳやネットの掲示板の株に関する話題もほとんどがノイズです。見てきたようなことを言っていますが、書いている人の主観であって特に根拠がないことがほとんど。しかも、大手ファンドの有名投資家などは自分が売っているときに「買ったほうがいいよ」と言ったり、その逆を言ったり、完全にポジショントークなんです。はっきり言って誰も信じられない。**だからこそ、みなさんに経済学の知見を使って、ノイズの山からシグナルを探し当てていただきたいと思います。**

では、どうすればいいのか？　天国に行くためには地獄への道を知るのが近道だとマキャベリは言いました。そして、犯罪に遭わないためには、犯罪の手口を知ることです。ノイズに釣られたくなければノイズを知れ。ノイズを食ってみろ！（笑）

ということで、ここから先は市場やその周りに転がっている典型的なノイズを拾って解説します。このようなケーススタディを通じて、みなさんの「選球眼」を鍛えましょう。手始めに身近なところから。日経新聞が日常的に発しているノイズから見ていきましょう。

## あの日経新聞の相場解説もノイズでしかない

２０２４年４月５日、日経平均株価が７８１円下落し終値は３万８９９２円となりました。文字通りの大暴落。場中に下げ幅は１０００円に迫り、多くの人が冷や汗を流しました。日経新聞は次のように報じています。

5日の東京株式市場で日経平均株価が大幅反落した。前日終値からの下げ幅は一時1000円に迫り、節目の3万9000円を割り込んだ。終値は前日比781円（2％）安の3万8992円。引き金となったのは中東情勢の緊迫化による原油高だ。インフレが長引き、米国の利下げが遠のくとの不安が市場参加者を動揺させた。警戒される米雇用統計の発表を前に、リスクオフの霧が立ちこめる。

【引用：日経平均781円安　日本株襲う中東発リスクオフの波『日本経済新聞』（2024年4月5日）】

「節目を割り込んだ」、「原油高」、「リスクオフ」などのパワーワードが並んでおります。まるでここが転落の始まりのような書き方ですが本当にそうなのでしょうか？　仮に株価がこの日を起点に下がったとして、そのまま下がりっぱなしで1万円割れとかそういうことが起こるわけですか？

もちろん、そんなことはありません。短期的な株価の値動きはズバリ「上がったら下がる、下がったら上がる」です。実際に金曜日の暴落から週末を挟んで翌営業日の4月8日、日経平均株価は3万9347・04円（＋354・96）、その次の日の4月9日には3万9773・13円（＋426・09）まで上昇しております。つまり、5日に781円下がって、8日と9日で合計780円上がったことになります。文字通り「行って来い」の展開だったわけです。

ここでもう一度4月5日の日経新聞の記事内容を思い出してみてください。とても味わい深いですね。日経新聞によれば、この日に節目を割り込んでリスクオフだったはずじゃないんですか？　リスクオフというのは、みんながリスクを嫌って手持ちの株をぶん投げるということですよ。ぶん投げたら株価は下がるはずなのに、土日を挟んだら株価が元に戻ってしまった。なにを言っているかわからねーと思うが、俺もなにをされたかわからなかった。まるでポルナレフのようです。

**ハッキリ言いましょう。日経新聞の相場解説記事は内容がテキトーです。下がったらリスクオフ、上がったらリスクオン。そんな感じで、その時々に起こった事件を相場と適当に結びつけて、なんとなく理由らしきものが書いてあるだけです。特に根拠はありません。なので、週末を挟んで突然リスクオフがリスクオンに変わったりすることもよくあります。まさにノイズ以外の何物でもない！**

ところが、社会人になりたての頃、私は銀行の先輩に「経済のことを知るために日経新聞を読め」と言われました。あの先輩、元気にしているでしょうか？　日経新聞の相場解説からノイズを拾って、それに従って投資していたとしたら……。ご愁傷様です。

もうみなさんおわかりですよね？　日経の相場解説なんて信じて株取引をしていたら、お金がいくらあっても足りません。典型的な「後追いの順張り（解説：値上がりの最終局面で高値掴みをすること）」。大損すること間違いなしです。

## 暴落当日の夜、私が配信した秘密のメール

では、私が4月5日の暴落をどのように捉えていたか？　私は八重洲イブニングラボというオンラインサロンをやっているのですが、株価が暴落するときは「ジョネトラダムスからの秘密のメール」を配信しています。暴落当日の夜、私が配信した秘密のメールは次のような内容でした。

待ちに待った調整です。良かったですね。3万9千円ギリギリで終わりました。とは

いえ、この程度の下落で満足はしてませんよね。調整目標は3万6千円。年に一度の調整は1割と決まっているんです。なのでこんなものは調整のうちに入りません。これぐらいでビビっているようでは勇者になれませんよ。気合で頑張ってください。パワハラモードです。

さて、不安になっている方もいらっしゃると思うので、今回の暴落の原因について考えてみましょう。直接の引き金になったのは、アメリカの株価の下落です。ではなぜアメリカの株価が下がったのか？　もう皆さんお分かりですよね？　FRBが利下げを見送るのではないかという見方が広がったからです。ではなぜそんな見方が広まったのか？　これも理由は簡単ですよね。インフレ率が思ったほど下がらず。むしろ上昇圧力が強い。FRB理事がそのような認識を示したことによって。人々はビビりはじめたんです。ひょっとして利下げがないのではないかと？

いやいや、ちょっと待ってほしい。まるで朝日新聞です。そもそも、あなた方は勝手に自分にとってかなり都合のいい利下げを織り込んでいただけなんじゃないんですか？　それも含めてお前の自己責任だろう……なんて突っ込みも入れたくなります。本当に投資家って勝手です。バカな予想して外して慌てる。うーん、微妙。

別に虫のいいことを考える人がいても構わないんですけどね。これぞ自由主義経済、そして、投資は自己責任。もちろんその予想が外れた時には罰を受けます。まあ、そういう意味では今回はチャラい奴らが軽い罰を受けた。そんな感じではないでしょうか？

さて、この一連の流れですが、もうポイントについて皆さんお気づきですよね。インフレにビビって株下がる。これがポイントです。２０２０年以前と随分状況が違いますよね？　前はデフレにビビって株下がるじゃなかった？　あれデフレでもインフレでもどっちでもダメなの？　そうなんです。過ぎたるは猶及ばざるが如し。インフレも行き過ぎればやっぱり害があるんです。そして人々はインフレが行き過ぎることによる害を警戒し始めた。それが今なわけです。

【引用：ジョネトラダムスからの秘密のメール（２０２４年４月５日）】

ここまで本書でも書いてきた通り、世界中でインフレ期待が高まっています。さらに、いま地球上にはインフレ期待を高めるニュースばかり。たとえば、戦争が起これば、モノが足らなくなったり、物流が混乱したりするのは当たり前です。これらはすべてインフレ要因ですよね。そして、インフレが行きすぎれば、インフレ型不況が起こって当たり前。

全部当たり前の話です。この当たり前こそがシグナルなのです。

4月5日から9日までの市場の混乱は、このインフレ型不況をどこまで先回りして心配すればいいのか意見が割れた結果です。

イケイケドンドンで株価が上がっていても、そのまま一本調子で上がり続けるのはやはり難しい。買っているのは人間であり、ある日、突然不安になることもあるからです。もちろん、人ならざるコンピュータープログラムが売買をしていることもあります。最近はAIを使った売買なども注目されています。しかし、これら人ならざる者たちもその振舞いは極めて人間的。あるキッカケから連鎖的に売りや買いが膨らんで、行きすぎたら大きく調整するということがよく起きます。そのタイミングが東京市場においてはたまたま4月5日から9日だった。それだけのことではないでしょうか。

## 経済学の知識があれば詐欺師に騙されない

投資を始めるといろいろな経済ニュースを気にするようになる人が多いです。しかし、そのニュースの大半は、前掲の日経記事のようなノイズでしかありません。特に、短期的な値動きにテキトーな解説をつけているものが多い。しかし、こんなテキトーな記事に釣られる人が大量にいると、自己実現的に相場が動いてしまうことがあります。しかし、それはあくまでも一時的なもの。**長期では経済学の予想通りに回帰する。経済学200年の知見には絶対に勝てない。**これを肝に銘じましょう。

なぜこれが大事かと言うと、経済学の知見に反するトンデモ解説はたいてい投資詐欺などの犯罪に利用されるからです。日経新聞でお馴染みの「財政破綻がー！」という記事。あれなんて詐欺師にとっては絶好の毛鉤《けばり》ですよ。たとえば、こんな記事を使います。

国の国債利払い費、金利1％上昇で8・7兆円上振れ　財務省試算―日本経済新聞

財務省は4日、長期金利がこれまでの想定より1％上がった場合、2033年度の国債の利払い費がさらに8・7兆円増えるとの試算をまとめた。日銀がマイナス金利政策を解除し、長い目で見ると金利には上昇圧力がかかる。税収の増加も見込まれるが、社会保障費など予算の膨張を防ぐ取り組みが必要になる。

財務相の諮問機関の財政制度等審議会が4日に分科会を開き、財務省が新たな試算を提示した。同省は政府の24年度予算をもとに向こう3年の収入と支出の状況を示す試算をす

でに公表しており、今回はその試算より金利が跳ね上がった場合を想定した。

国債費については元本の返済とともに、利息の支払い分を毎年度の予算に計上している。24年度は予算総額112・5兆円に対し、利払い費は9・6兆円。想定金利は1・9％とした。金利は足元で0・7％台で推移しており、やや高めの設定となっている。

【引用：国の利払い費、金利1％上昇で8・7兆円上振れ　財務省試算『日本経済新聞』（2024年4月4日）】

詐欺師はこういうニュースを使って「国はアテにならない！」という嘘を刷り込みます。「日本は借金まみれでそれを返済するために政府は国民から金を巻き上げることしか考えていない。我々は被害者なんだ！」と。アメリカのテレビ説教師のように、まずは恐ろしい地獄の話で相手をビビらせるわけです。

そしてここから話は飛躍します。「日本円はいずれ紙くずになる」とか、「バンクホリデー」とか、「新円切り替え」とか、荒唐無稽なホラーストーリーを展開し、恐怖は絶頂に達するわけです。

1946年2月、たしかに日本政府は第二次世界大戦直後のインフレ進行を抑制する目的で「金融緊急措置令および日本銀行券預入令」を公布しました。それは嘘ではありません。この措置により、5円以上の日本銀行券を強制的に金融機関に貯金させ、「既存の預金とともに封鎖のうえ、生活費や事業費などに限って新銀行券による払出しを認める」という非常措置を実施しました。これがいわゆる**「新円切り替え」**です。**強制貯金させられている間に、インフレで旧円の実質的な価値が目減りしたので評判の悪い政策でした。**

ちなみに、1946年の日本のインフレ率は60％です。これに対して2024年3月の生鮮食品およびエネルギーを除く総合指数（コアコアCPI）はたったの2・9％。こんな激烈な措置を採る必要なんてどこにもないですよね。でも、経済学の知見を知らない人は、こういう嘘に簡単に騙されてしまいます。

料理をやったことがない人は味つけが薄かったり、濃すぎたりいろいろ問題を起こしますよね。あれと同じです。慣れている人は塩加減がわかっているけど、慣れていない人はわからない。だからレシピに分量が書いてあります。ちゃんと量って作ればそんなに大間違いはないわけです。**経済学の知見とはまさにこのレシピみたいなものです。相場観とも言えます。「新円切り替え」なんて話が出てきも、それが必要な水準のインフレ率が何％ぐらいなのかわかっていれば詐欺師のトークに乗せられることはありません。**

## 荒唐無稽な詐欺情報が溢れている

それから、最近ネットで出回っている「GESARA」もしくは「NESARA」という荒唐無稽な経済陰謀論はご存じでしょうか？　これについては経済学の知見がなくてもチャットGPTに訊いてみれば以下のような完璧な答えが返ってきます。

GESARAは、“Global Economic Security and Reformation Act”（グローバル経済安全保障および改革法）の略称です。これはインターネット上で議論されている概念であり、世界的な経済のリセットや金融システムの改革を提案しています。しかし、公式な法律や政府による発表としてのGESARAは存在しません。この概念は、NESARA（National Economic Security and Recovery Act：国家経済安全保障および回復法）という、アメリカ国内で提唱された架空の法律に由来しています。

NESARAは1990年代後半に提案されたもので、アメリカの金融システムや経済政策の大幅な改革を目指す内容が含まれていました。その提案内容には、債務の免除、連邦税制の廃止や代替の導入、そして新しい金本位制への移行などが含まれていました。

GESARAは、これを世界規模で展開しようというもので、さまざまな陰謀論や願望に基づいた提案としてオンラインで議論されることが多いです。

現実には、GESARAやNESARAが実際に政府や国際機関によって採用されることはありません。このような提案が現実の政策や経済システムに与える影響については、多くの専門家が懐疑的です。また、これらの概念は陰謀論や偽情報の拡散に利用されることもあり、情報を得る際には慎重な検討が必要です。

一言で言えば「将来どこかのタイミングであなたの借金がチャラになる！」という荒唐無稽な陰謀論だということがおわかりいただけると思います。そして、この陰謀論を利用した「GESARAによってイラクディナールの再評価が始まる！」という投資詐欺がとても有名ですので絶対に引っかからないでください。

この詐欺の手口は、イラクディナールが近い将来大幅に価値を上げるという誤った情報に基づいています。詐欺の胴元は、GESARAやNESARAのような架空の計画によってイラクの経済状況が大幅に改善し、イラクディナールが爆上げすると断言します。そして、現在1イラクディナールは0・12円しか価値がないのに、その紙幣を10倍、

100倍の値段で売りつけるわけです。

「そんなバカな！」と思った人は甘いです。この詐欺は本当に身近なところにあるのです。たとえば、イラクディナールは楽天などのオンラインショップでなぜか販売されております。ちょっと検索するだけでこんなに出てきます（P202参照）。

そして値段をよく見てください。わかりやすいように表にしてみました（P203の表を参照）。法外な交換レートになっていることが一目瞭然ですよね？

1イラクディナールは0・12円の価値しかないのに、2倍から4倍のボッタクリ価格で販売しております。こんな紙くずに喜んでお金を払うなんてなんと愚かな。そもそも、イラクディナールはイラク国内でしか使えない通貨です。日本で持っていてもなんの価値もありません。そして、最大の問題は日本国内でイラクディナールを日本円に両替するのが難しいという点です。絶対に両替できないわけではないですが、極めて不利な交換レートで、なおかつ多額の手数料を要求されます。私が発見した両替商では次の通りでした。

[PR] 【即日発送 新札】 50,000 イラクディナール 1枚 3枚 5枚 イラク …

11,800円~ 送料無料

118ポイント(1倍)~

★★★★★ 5 (3件)

[PR] 【即日発送 新札】 25,000 イラクディナール 紙幣 2枚 5枚 イラク …

11,700円~ 送料無料

117ポイント(1倍)~

★★★★★ 5 (3件)

[PR] ☆期間限定 ポイント5倍☆ 【最大30万円相当のおまけつき】 50,0…

22,000円~ 送料無料

1,000ポイント(1倍+4倍UP)~

888円OFFクーポンあり

★★★★★ 4.89 (65件)

[PR] 【9000円相当のおまけ付】 50,000 イラクディナール 紙幣 ピ…

64,020円 送料無料

582ポイント(1倍)

888円OFFクーポンあり

★★★★★ 5 (8件)

【即日発送 新札】 50,000 イラクディナール 1枚 3枚 5枚 イラク ディ…

11,800円~ 送料無料

118ポイント(1倍)~

★★★★★ 5 (3件)

当ショップではイラクディナールの販売のみではなく、当ショップでご購入されたイラクディナールを日本円へ再両替するサービスを行っております。
※原則として、当ショップでご購入されたイラクディナールのみが対象となります。
ご両替をご希望時点でイラク国内の実勢レートでの換算を行い、当ショップ両替手数料を差し引いた分の日本円をお客様のご口座に振り込みさせて頂きます（ご口座への振込手数料はお客様負担）。
※全ての銀行へお振込みが可能です。（海外口座を除く）
【引用：ネット上に実在する某イラクディナール販売・両替ショップ】

まず、この店で売ったイラクディナールしか買い取らない。
そして、買取の際の為替レートは実勢レート、さらに手数料

| イラクディナール | 売値（円） | 交換レート |
|---|---|---|
| 50,000 | 11,800 | 0.24 |
| 25,000 | 11,700 | 0.47 |
| 50,000 | 22,000 | 0.44 |
| 150,000 | 64,020 | 0.43 |
| 50,000 | 11,800 | 0.24 |

がかかります。手数料は日本円換算金額の5％と書いてありました。ではこの店ではイラクディナールをいくらで売っているのか？

5万イラクディナール紙幣を2枚で18万8000円!? 為替レートは1イラクディナール1・88円という驚くべきボッタクリじゃないですか！　実勢レートは0・12円ですから、15倍ぐらい吹っ掛けております。

仮に、このショップで10万イラクディナールを18万8000円で購入し、その後、買取を依頼した場合、戻ってくるお金は以下のようになります。

10万イラクディナール×0・12（実勢レート）＝1万2000円

1万2000円×5％（手数料）＝600円

50,000IQD紙幣 2枚セット＋イラン・リヤルのボーナス付き
188,000円
（両替証明書付き）
最高額紙幣・完璧な状態の新札
一枚あたり94,000円
**送料無料**

1万2000円－600円＝1万1400円

実勢レートで円換算した後、手数料の5％を引いた手取り金額はたったの1万1400円です。18万8000円で買ったものが、1万1400円です。これ詐欺でしょ？

## 詐欺の手口を「逐条的《ちくじょうてき》」に解説

ここまで極端でなくても、まずはホラーストーリーでビビらせて、ボッタクリ商品を買わせるという詐欺はそこら中に転がっています。たとえば、最近こんなニュースがあったのをご存じでしょうか？

「今の給料だけでは、君の人生にかかるお金をまかなうことはできないよ。億単位で足りない」。埼玉県の会社員男性（27）は2019年10月、知人の紹介で知り合った外資系保険会社社員の男にそう言われた。

男性は当時、社会人2年目で、金融機関で働いていたが、営業ノルマを達成できず職場にもなじめなかった。年収は手取りで約３００万円。「投資や副業をやってみたいと考えながら、何も行動できていなかった」と振り返る。

「投資で稼いだ金で高級腕時計を毎月買い替えている」「年収は１０００万円を軽く超える」。男の言葉は魅力的だった。海外の投資事情など自分の知らない世界を広げてくれる存在で、「先生」と慕うようになった。

まもなくして「先生」から紹介されたのが、投資コンサルティング会社「フリッチクエスト」（東京）への投資だった。海外で資金を運用するとして、「月利４％で元本も7割保証される」と勧誘された。

社員に会ったのは同年12月。「手元に資金がない」と明かすと、「結婚資金」名目で消費者金融約10社から金を借りるよう指南された。言われた通り計１０００万円を借りて、フリッチ社の本社に持参した。手数料１００万円を差し引いた９００万円を投資した。

【引用：「稼いだ金で高級時計」「年収１０００万軽く超す」…若者狙う投資詐欺、甘い言葉信じて「後悔」『讀賣新聞オンライン』（２０２３年６月２日）】

まるで消費者保護を訴える政府のパンフレットから抜粋したかのような、典型的な詐欺です。大変よい事例なので、「逐条的《ちくじょうてき》」に解説しましょう。詐欺の手口の本質を知るにはディテールを押さえるのが一番ですから。

・「今の給料だけでは、君の人生にかかるお金をまかなうことはできないよ。億単位で足りない」。埼玉県の会社員男性（27）は2019年10月、知人の紹介で知り合った外資系保険会社社員の男にそう言われた。

→人生に必要なお金を計算させ、いまの年収と比較。これ詐欺師の典型的なセットアップです。ネタとして利用されるのがロバート・キヨサキの著作『金持ち父さん貧乏父さん』（筑摩書房）やそれのゲーム版の『キャッシュフロー』などです。これらの媒体を使って、理想と現実とのギャップを意識させたうえで、不足している金額を自分で計算させます。

・男性は当時、社会人2年目で、金融機関で働いていたが、営業ノルマを達成できず職場にもなじめなかった。年収は手取りで約300万円。「投資や副業をやってみたいと考えながら、何も行動できていなかった」と振り返る。

↓この考えは基本的には正しい。確かに金融機関で働いても将来的な収入は知れています。だからリスクを取って稼ぎたい。ここまでは正しい。

しかし、問題はその次です。稼ぐための手段としてこの詐欺商品が適切かどうかよーく考えてみないとダメでしたね。詐欺師は最初からソリューションスペースを狭めて選択を迫ります。その場で決断をせず、セカンドオピニオンも参照すべきでした。

・「投資で稼いだ金で高級腕時計を毎月買い替えている」「年収は1000万円を軽く超える」。男の言葉は魅力的だった。海外の投資事情など自分の知らない世界を広げてくれる存在で、「先生」と慕うようになった。

↓高級腕時計、年収1000万円……若い人にとっては非常にわかりやすい「利回りマウント」です。私の知り合いにも600万円の時計を見せびらかしている怪しい団体職員がいるんですが、こういうのとは距離を取るようにしています。間違いなくそういう人は危ない。その時計は借金の塊かもしれない。なんでも素直に信じちゃダメ!!

・投資コンサルティング会社「フリッチクエスト」（東京）への投資だった。海外で資金を運用するとして、「月利4％で元本も7割保証される」と勧誘された。

↓はい、出ました！「利回りマウント」と呼ばれるテクニックです。仮にこの被害者がインデックス投資などまともな投資をしていた場合でも、「え？　そんな利回りで満足なんですか？」「うちだったら軽く月利4％で回りますよ」とマウントを取ってくるわけです。そんなショボい利回りに満足しているから年収少ないし、高級腕時計も買えないんだと。もちろん、その利回りは嘘。でも、ここで釣られちゃう人が多い。

だいたい、月利4％の投資なんてどんだけリスク取っているんだと。日経平均に含まれる225銘柄の優良企業ですら、平均配当利回りは1・64％（予想、2024月9日現在）ですよ。月利で4％なんて危ない商売に決まっているじゃないですか。

この後の展開は推して知るべし。被害者は、投資から約2年経った2022年1月に突然、メールで配当停止を告げられました。詐欺あるあるですね。利回りマウントに負けた時点で勝負はついていました。

## 詐欺はかかわる人すべてを不幸にする

まずこの手の詐欺では、「師匠」とか「先生」と呼ばれる謎の上級会員を紹介するのが王道です。そして、そこから利回りマウントの飽和攻撃。あなたのやっているまともな投資法に対して「え？　その程度の利回りで満足ですか？」とありとあらゆる罵詈雑言《ばりぞうごん》を浴びせてきます。「うちなら年利20％で回りますよ」とか、「月利5％とか余裕でしょ」とか、あり得ない数字が飛びます。この年利20％と月利5％というのが詐欺師の常套句《じょうとうく》です。今回紹介したケースは月利4％なので、詐欺師としては控えめかもしれませんね（笑）。

あと、元本7割保障といった相手を安心させる話はだいたい嘘です。元本保証について詐欺師はだいたい7割から9割ぐらいのレートを提示することが多いようです。さすがに100％と言うと嘘っぽいので、事故っても死にませんといった程度のやや控えめな数字を見せて安心させます。しかし、もちろん彼らに保証なんてできるわけがありません。そもそも、消費者金融で借金させて入金させられる時点でなにかが違うって気づけよ！

あと、詐欺師は被害者を増やせるだけ増やして最後に逃亡します。なので、被害者が増えている間はちゃんと配当をしてくれることが多いです。カモ釣りが終わるまでの間、カモに騒がれたら困るじゃないですか。そして、だいたい2年でカモは枯渇します。その時点でこの手の詐欺会社は破綻し、主催者は逃亡します。

さらに残念なことがあります。破綻までの間に騙された被害者が加害者となってほかの人を勧誘していたりするんです。関わる人すべてを不幸にする。詐欺は本当に恐ろしいですね。

私なら逆にこの詐欺師をイジって論破して遊ぶかもしれませんが、ここでもう一つ気をつけないといけないことがあります。この手の詐欺師はランダムにエサを投げて相手の反応を見ています。なので、私のように論破モードになっている人を敏感に察知して、逆に詐欺師のほうが逃げてしまうのです。論破を挑んでくるような相手と戦っても時間の無駄。もっと楽勝でカモれる奴のところに早く行きたいわけですよ。本当に食えない連中です。

## ＩＱが高くとも騙されてしまう……

とはいえ、こういう詐欺には意外と学歴の高い人も引っかかっております。ネット上の陰謀論者にも高学歴の人が多いでしょ？　オウム真理教の教団幹部なんて理系の大学院卒とかがゴロゴロいました。なんで世間的に頭がいいと言われている人が、詐欺に引っかかってしまうのか？　そのキーワードは「合理性障害」です。

そもそも、ＩＱテストでは人間の能力のごく一部しか測定できません。車に譬えると、エンジンの馬力しか測れないテストみたいなものです。馬力のある車でも、車体が脆弱《ぜいじゃく》だったり、ブレーキ性能が悪かったりしたら本当にいい車とは言えませんよね？　さらに、それらが完璧でも、運転手の技術が未熟だったらたぶん事故が起こります。

実は人間の能力もこれに似ています。馬力と車体、ブレーキ性能、運転技術に何の相関もないのと同じように、ＩＱと社会的成功の間には全く関係がありません。ＩＱの父と言われるターマン博士が１９７０年代に行った実験で「神の子」レベルの天才が１５００人ぐらい見つかりました。**しかし、その後の追跡調査で彼らの生涯が割と平凡であることがわかりました。さらに、このテストを受けてこの天才リストから漏れた子供のほうがノー**

**ベル賞を受賞しています。つまり、選ばれし1500人は天才ではなかったのかも……。**

また、企業経営者のＩＱを測定するとその平均値は１２５ですが、下は95から上は１４０までの大きなばらつきがあります。つまり、ＩＱが高いからといって経済的に成功できるわけではない。成功した経営者のＩＱはほぼランダムなわけですから。

『The Intelligence Trap：なぜ、賢い人ほど愚かな決断を下すのか』（デビッド ロブソン著／日経ＢＰ日本経済新聞出版本部）によると、ＩＱの高い人が入る「メンサ」という団体に関する調査において、「メンバーの44％が占星術を信じており、56％が地球外生命体が地球を訪れたことあると考えているという結果が出た」とのこと。

**これらの証拠から、ＩＱが高いこと（一般的に「頭のいいこと」）と騙されやすいこと（合理性障害）は十分に両立し得ます。**

## 親密性と流暢性の高い情報には気をつけろ

たとえば、ＩＱの高い人がトンデモ医療や健康法にハマるケースを多く見かけませんか？　なぜ頭のいい人が「幹細胞治療」とか、「ビタミン点滴」に引っかかってしまうのか？

ポイントは「真実っぽい情報」です。人はこれに無意識に引っかかってしまうのです。

あくまでも「真実」ではなくて「真実っぽい情報」ですよ。消防署から来たのではなく、「消防署のほうから来た」という昭和の消火器押し売り詐欺みたいなものです。

前掲書には、シュワルツマンとニューマンという心理学者の研究が紹介されています。それによると、「真実っぽさ」の要素には以下の2つがあります。

**①親密性（同じようなことを以前にも聞いてなじみがある）**
**②流暢性《りゅうちょうせい》（その情報がなめらかで処理しやすい）**

このぼんやりした感覚によって前提条件を疑うことなくその情報を信じてしまうわけです。たとえば、同じ大学出身者のＯＢ会においては職業や年収などが似通っていて、その中で流通している話題は親密性の高い情報となります。

ここに流暢性が加わります。流暢性とはいわゆる「よいキャッチコピー」みたいなもの。引っかかりなく耳から頭に入ってしまう魔法の言葉です。「自然豊かな環境でのびのび育った牛から取った牛乳」みたいな？　改めて考えてみるとこういうなめらかな情報は世の中に氾濫《はんらん》しています。

ただでさえ健康に関心があり大量の情報を集める頭のいい人は、無意識に親密性と流暢性の高い情報を選別し頭に入れてしまいます。そして気づいたときにはトンデモ医療に洗脳されている。こういうことが医療分野以外にもたくさん起こっているわけです。もちろん、投資にも！

## 反証可能性を熟慮できる心を持って資産防衛せよ！

みなさんもこの点はぜひ気をつけてください。特にＩＱの高い人ほど注意です。

こういったトンデモ情報に騙されないためには、熟慮が必要です。熟慮とは単によく考えるということではなく、その主張に反証可能性があるかどうかを吟味することです。たとえば、「ＧＥＳＡＲＡがくる！　絶対にくる！」という主張には反証可能性がありません。どういう条件を満たせばその主張が間違いであると証明できるのかが示されていないからです。大抵の陰謀論はこういった根拠のない言いっぱなしです。

これに対して「金融緩和をしても物価が上がらないなら、無税国家が誕生するはずだ。

しかし、歴史上無税国家は存在しない」という主張は反証可能性があります。もし無税国家が存在することが証明できれば、この主張は打ち破れるわけですから。**打ち破る方法が示されているのに、それができないという点がポイントです。ありとあらゆる批判に晒されても正しさを保持しているからこそ、その主張が現時点では正しいと言えます。**だからといって未来永劫正しいままでいられるかどうかはわからない。常に反証の機会は開かれている、つまり反証可能性のある主張のほうが信用できるわけです。

ところが、熟慮が足らない人はこの反証可能性に注目しない。そして、詐欺師が断言する根拠のない話に乗せられてしまいます。おそらくそれは、わからない問題をわからないままにしておけないという心の弱さなのだと思います。わからないまま宙ぶらりんだと、なんとなく不安な人は、その問題にズバリ答えを言ってくれる人が好き。これは正しいかどうかの問題ではなくて、ストレスを解消してくれるかどうかという心理学の問題です。ある意味「答え依存症」ですね。いくらＩＱが高くても、反証可能性を重視しない人、つまり熟慮の足らない人は、思わずストレス解消に流れてしまう。残念ですがこれが現実のようです。

本書を最後までお読みいただいたみなさんならもう大丈夫ですよね？　軽く20％で回る

金融商品なんてそう簡単に見つかるものではありません。預金封鎖やGESARAも嘘。根拠のない話には反証可能性がない。その点を熟慮して、資産防衛に励んでください。

# おわりに

投資に関する基礎知識をひと通り書いて本にしてみましたが、いかがでしたでしょうか?「貯蓄から投資へ!」という掛け声は大いに結構ですが、具体的になにをすればいいかわからないという方は案外多い。そして、そういう方をカモにしている人はもっと多い。恐怖を煽ってビビらせて、自分の本を買わせたり、情報商材を買わせたり、最悪の場合は詐欺まがいのマルチ商法に勧誘したり……本当に世知辛い世の中です。結局、私たちは自分の資産を自分で守るしかない。そんなとき、武器になるのが経済学の知見です。

私は経済学の知見に基づいて投資し、自分で経営する会社の事業計画を立ててここまできました。おかげさまで2014年から始めた総合格闘技のジムは13店舗に増え、そのほかにもシミュレーションゴルフスタジオ2店舗、会員制サウナ1店舗を経営しております。さらに、アベノミクス相場で大勝ちした儲けを大切に守って、コロナショック、ウクライナショックで資産をさらに倍増させることができました。これもひとえに経済学のおかげ。ワルラスやケインズには足を向けて寝られないと思っております。

とにかく市場はノイズが多い。そのノイズをフィルタして正しくシグナルを拾う。これが投資を成功させる第一歩です。そのためには経済リテラシーを磨くとともに、昨今の国際情勢を理解するために、国際政治並びに地政学の知見が大いに役立つと思われます。

本書で取り扱ったのはそのごく一部です。さらに深く勉強したい人のために参考文献のリストをつけておきました。本書がキッカケになり、より深い理解にたどり着き、最後にみなさんがインフレに負けない資産防衛に成功されますように。

私が主宰するオンラインサロン「八重洲イブニングラボ」において、リスクに立ち向かう人を勇者と呼びます。この本を読んだからには皆さんも立派な勇者。そんな勇者のみなさんに神のご加護があらんことを!!

経済評論家
上念　司

八重洲イブニングラボ
https://y-e-lab.cd-pf.net/

# 参考文献


・The Intelligence Trap：なぜ、賢い人ほど愚かな決断を下すのか
デビッド・ロブソン（著）、土方 奈美（翻訳） 日経BP日本経済新聞出版本部（2020年7月）

・経済で読み解く日本史⑤ 大正・昭和時代
上念 司（著） 飛鳥新社（2019年5月）

・経済で読み解く日本史⑥平成時代
上念 司（著） 飛鳥新社（2020年7月）

・お金は銀行に預けるな 金融リテラシーの基本と実践（光文社新書）
勝間 和代（著） 光文社（2007年11月）

・まぐれ――投資家はなぜ、運を実力と勘違いするのか
ナシーム・ニコラス・タレブ（著）、望月 衛（翻訳） ダイヤモンド社（2008年2月）

・リスク・リテラシーが身につく統計的思考法――初歩からベイズ推定まで（ハヤカワ文庫NF363〈数理を愉しむ〉シリーズ）文庫
ゲルト・ギーゲレンツァー（著）、吉田 利子（翻訳） 早川書房（2010年2月）

・サイコロジー・オブ・マネー――一生お金に困らない「富」のマインドセット
モーガン・ハウセル（著）、児島 修（翻訳） ダイヤモンド社（2021年12月）
・世紀の空売り 世界経済の破綻に賭けた男たち
マイケル・ルイス（著）、東江 一紀（翻訳） 文藝春秋（2010年9月）
・資産形成のための金融・投資論：黄金の波に乗る知の技法 Kindle版
竹中 正治（著） （株）竹中R&I（2020年10月）
・中国停滞の核心
津上 俊哉（著） 文藝春秋（2014年2月）
・経済で読み解く地政学
上念 司（著） 扶桑社（2023年7月）
・世界最強の地政学（文春新書）
奥山 真司（著） 文藝春秋（2024年4月）
・戦争の地政学（講談社現代新書）
篠田 英朗（著） 講談社（2023年3月）

・China 2049
マイケル・ピルズベリー（著）、森本 敏（解説）、野中 香方子（翻訳） 日経BP（2015年9月）
・デンジャー・ゾーン 迫る中国との衝突
ハル・ブランズ（著）、マイケル・ベックリー（著）、奥山 真司（翻訳） 飛鳥新社（2023年2月）
・知られざる海上保安庁 ― 安全保障最前線
元海上保安庁長官 奥島 高弘（著） ワニブックス（2024年1月）
・目に見えぬ侵略 中国のオーストラリア支配計画
クライブ・ハミルトン（著）、山岡 鉄秀（監訳）、奥山 真司（翻訳） 飛鳥新社（2020年5月）
・諜報国家ロシア ソ連KGBからプーチンのFSB体制まで（中公新書）
保坂 三四郎（著） 中央公論新社（2023年6月）
・ハイブリッド戦争の時代
志田 淳二郎（著） 並木書房（2021年5月）

**上念司** じょうねん・つかさ

1969年、東京都生まれ。中央大学法学部法律学科卒業。在学中は創立1901年の日本最古の弁論部・辞達学会に所属。日本長期信用銀行、臨海セミナーを経て独立。2007年、経済評論家・勝間和代氏と株式会社「監査と分析」を設立。取締役・共同事業パートナーに就任（現在は代表取締役)。2010年、米国イェール大学経済学部の浜田宏一教授に師事し、薫陶を受ける。金融、財政、外交、防衛問題に精通し、積極的な評論、著述活動を展開している。

デザイン 塚原麻衣子
DTP 株式会社 Sun Fuerza

経済学で読み解く

# 正しい投資、アブない投資

発行日　2024年6月2日　初版第1刷発行

著者……………………… 上念 司
発行者…………………… 小池英彦
発行所…………………… 株式会社 扶桑社
〒105-8070 東京都港区海岸1-2-20 汐留ビルディング
電話：03-5843-8842（編集）
03-5843-8143（メールセンター）
www.fusosha.co.jp
印刷・製本……………… タイヘイ株式会社印刷事業部


ISBN978-4-594-09764-6